大夏书系·教育观察

我的教育视界

Wo de
Jiaoyu Shijie

窦桂梅 著

华东师范大学出版社
全国百佳图书出版单位

图书在版编目（CIP）数据

我的教育视界 / 窦桂梅著 . —上海：华东师范大学出版社，2013.5
ISBN 978 - 7 - 5675 - 0815 - 6

Ⅰ.①我 ... Ⅱ.①窦 ... Ⅲ.①教育—概况—国外 Ⅳ.① G51

中国版本图书馆 CIP 数据核字（2013）第 123670 号

大夏书系·教育观察
我的教育视界

著　　者	窦桂梅
策划编辑	李永梅
审读编辑	杨　坤
封面设计	奇文云海·设计顾问
责任印制	殷艳红

出版发行　华东师范大学出版社
社　　址　上海市中山北路 3663 号　邮编　200062
网　　址　www.ecnupress.com.cn
电　　话　021 - 60821666　行政传真　021 - 62572105
客服电话　021 - 62865537
邮购电话　021 - 62869887　地　址　上海市中山北路 3663 号华东师范大学校内先锋路口
网　　店　http://hdsdcbs.tmall.com/

印刷者　北京博海升彩色印刷有限公司
开　本　700×1000　16 开
插　页　1
印　张　17.5
字　数　230 千字
版　次　2013 年 10 月第一版
印　次　2023 年 11 月第十二次
印　数　49 001 - 50 000
书　号　ISBN 978 - 7 - 5675 - 0815 - 6/G·6555
定　价　42.00 元

出版人　王　焰

（如发现本版图书有印订质量问题，请寄回本社市场部调换或电话 021-62865537 联系）

目 录

序言　视界与世界　　　　　　　　　　　　　　　001

第一辑

英国教育随笔

2012

学校自主·家长择校·问责制　　　　　　002
　　——英国教育体制改革关键词
让好教师留在课堂上　　　　　　　　　　014
　　——英国教师的专业要求及薪金
有这样一所教会学校　　　　　　　　　　025
学校有自我评估吗　　　　　　　　　　　033
从"我们"转变为"他们"　　　　　　　　043
　　——在英国接受的领导力与管理力培训
用怎样的逻辑观课　　　　　　　　　　　050
　　——英国观课评估的"三角理论"
怎样积蓄你的情感账户　　　　　　　　　061
牛津、剑桥与莎士比亚　　　　　　　　　071

第二辑
美国教育随笔
2011

看得见的隐性德育____086
——有感于华盛顿的几处景观
春天，我们的学生在做什么____095
——有感于四月的华盛顿
从三所学校的细节，看"以学生为本"__104
美国中小学校长的倾诉与挑战____115
美国教师的职业倦怠为哪般____123
美国人的微笑、感谢与赞美____132
赖特、海明威、乔丹风光的背后____142
——芝加哥见闻散记

第三辑
乌克兰教育随笔
2008

尤先科总统的贺信____154
一切都是民族的____159
教师博物馆____163
在苏霍姆林斯基的书房里____167
走进教育理想国：帕夫雷什中学____171
把"精神共同体"的智慧发挥到极致___176
想象苏霍姆林斯基在中国____180
文学的力量____184
当卡娅来到美丽的清华附小____188
——记苏霍姆林斯基女儿卡娅的清华附小行

第四辑 韩国教育随笔 2005

对韩国人的初步印象　　196
教育成功的几个关键词　　200
如此尊师重教　　206
给学生什么样的梦想　　210
　　——参观韩国外国语大学附属外国语高级中学
"凉和辣"的韩国饮食　　217
韩国女人、日本女人和中国女人　　221

第五辑 日本教育随笔 2004

残障儿童的境况　　228
　　——再谈"以人为本"
教育公平，说还是不说　　234
谁的负担更重　　243
一样父母心　　248
究竟什么是"以人为本"　　253
怎样培训"确保受人爱戴的优秀教师"　　258
海，安静如夜　　262
友谊天长地久　　265

序言　视界与世界

如今算起，我从教近30年。应该说已经走过了教育职业的大半。

每每想起做班主任那会儿，和学生们，七十多人，在一间不大的教室里摸爬滚打了十几年，虽累，但心中总会升腾起温暖。

我人生中的很多收获就是那时学生们给我的。

课堂小天地，天地大课堂。在那间几十平方米的屋子里，我和学生们，谈亚洲，论欧洲，说天文，话地理，纵横天下，驰骋宇宙，在探索未知的好奇心与破解未来的驱动力中畅游知识的海洋。虽是纸上谈兵，却也从万卷书中读出了丹麦《安徒生童话》里形象丰满的丑小鸭；从文本中，了解了"日本的烧杀掳"、"美帝国主义的霸权"、"英法联军烧抢圆明园"……从召开的一个个主题班队会中，丰富了对美国、英国等国家的认识。

说真的，当班主任的时候，我从来没有想到过出国。

后来，出国的机会有了——

这得感谢清华附小。因为真正的出国，是在北京这十几年的时间里。

第一次去的是日本。尽管从小受到的教育让我痛恨日本（看《一九四二》电影又勾起心头恨），但对日本的有些文化还是比较喜欢的。人的文明礼貌，街道的整洁有序，工具的现代快捷，言语的含蓄得体……当时情不自禁地一连写了25篇之多的《日本漫记》。

到韩国，最大的感觉就是"时髦"。女孩子衣着现代，面容姣好。在韩国逛街，尤其买女人衣服、饰品之类，颇有一种都想带回国的架势。其次是"追赶"。韩国人跟中国人很像，显得很着急，似乎每一个人都逼迫自己现代、现代、超现代。虽然日本人也是步履匆匆，但表情、气质给你的感觉还是从容于韩国。

还有一点就是，给我们作讲座的韩国外国语大学的教授们，都有一口流利的中文，甚至发音比我们还好听。16篇的《韩国之行》就这样在充满中国儒道文化的亲切气氛中完成。

读师范时就对苏霍姆林斯基十分敬仰，带着一份朝圣与敬畏，我迈进了乌克兰的大门——参加"纪念苏霍姆林斯基诞辰90周年国际研讨会"。

这是让我一生铭记的经历。在帕夫雷什中学的核桃树、海棠树下，我想象苏霍姆林斯基和学生们讨论问题、采摘果子的情景；在苏霍姆林斯基当年教学的班级里，写下"我们热爱苏霍姆林斯基"；在苏霍姆林斯基的墓前沉思、流泪、敬花……

应该说，"乌克兰之行"的每一篇文章我是带着别样感情写的。以至如今我的办公桌上依然摆着苏霍姆林斯基去世三年前最珍贵的生活照片。现在，又多了我和他女儿卡娅在一起的合影——要知道，这张照片是在我们清华附小图书馆留下的。因上次之行认识了卡娅，这不，几年后她专程来到清华园……

美国之行，从华盛顿开始，横穿美国东西部，21天里，感受着不同地区的不同气候、不同文化。华盛顿是文化、政治中心，城市是干净的、不需装饰的，大气稳重；洛杉矶是娱乐的，是现代的享乐之地。对美国，我是有感觉的，尽管只写出14篇文章，没有去日本写的多，但带给我的思想震撼犹如一场风暴席卷。

我曾在全校大会上说："美国经过独立战争，逐渐由殖民地发展成为世界超级大国，在经济、政治、科技、军事、娱乐等诸多领域均领衔全球，称霸世界！没有去过美国的人，你即便去过许多国家，在我眼里也没有真正出过国，在那里，你想要见到的，想要感受的，都有！我努力让所有附小教师去一次美国……"当时，老师们响起热烈的掌声！

2012年冬，刚刚结束英国20天的学习，专门进行英国督导培训。参观教会学校、国家美术馆，游览约克、曼彻斯特、爱丁堡……应该说，此行所获也很多，也写了十几篇笔记。

以上五次都是国家教育部组织的文化出访和教育培训学习。其余出国，是带学生们游学、演出或纯粹的旅游。

我带学生去过澳大利亚游学。说真的，除了黄金海岸和烤牛肉，什么印象也没有留下，尤其是你去过美国后，再看澳大利亚的教育课程，就没有了新意。

中国和意大利建交40周年之际，我们受邀前往欧洲演出。先后在意大利的罗马、米兰等地进行了四场演出，产生了强烈的国际影响，中央电视台专程播报。其间，我们参观了罗马斗兽场等著名景观。整个旅行过程中，我们走马观花似的游览了梵蒂冈、瑞士、法国三个国家。忙于照顾学生，当时的一些见闻和感受，也没有时间及时记录，似乎没有留下什么，现在提笔有些时过境迁了！

这几年，我还去过泰国、马来西亚旅游，也曾在缅甸边境和俄罗斯机场停留过一天、半天……

还去过新加坡，中国的香港、台湾等地区讲学，中国台湾和新加坡分别去了两次。这三地的部分中文老师在大陆听过我的一些课，他们成了我的"粉丝"。

我所行之记并不只是为了教育而写，是想用文字记录那段经历、留下些许记忆。有时，我对教育的记录与思考的热情远远没有超越对其他方面的好奇。比如，所到特别之处，不仅仅照一张相，我会摘下一片小叶子，拾起一块小石头作纪念。再比如，以我并不深刻的眼光，写过东渡的鉴真和尚，海明威、赖特、乔丹，莎士比亚，牛津与剑桥的区别，甚至韩国女人与日本女人的异同……这些看似跟教育没有直接关系，也许对教育有所启发。

这里，编辑帮我选择了一些文章，帮助修改了文字，合集为《我的教育视界》。谢谢！

有人说，"视界"有多大，世界就有多大。

窦桂梅

2013年8月

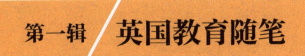

第一辑 / 英国教育随笔

学校自主·家长择校·问责制
——英国教育体制改革关键词

在世界最古老、最著名的大学之中，英国有着800多年历史的牛津和600多年历史的剑桥，它们见证了英国教育发展成为西方最古老、最优秀的教育体系之一的历史。无论是英格兰、苏格兰、威尔士还是北爱尔兰，四个区域都在继承传统与开拓创新当中不断迈进。

为了2013～2014年的发展，英国提出了教育体制改革的十个关键词。这十个关键词不是新创，而是在原来基础上的进一步深化与改进。它们是"地方自治"、"学校自主"、"新的专业要求"、"选择和多元化"、"更加艰难的目标"、"新的督导制度"、"新的资金制度"、"更加复杂的问责制"、"课程体系改革"、"特殊教育改革"（健康关爱计划）。

我择取其中感兴趣的三个方面来聊一聊。

一、学校自主

20世纪80年代以来，英国在基础教育管理制度上实施了一系列改革措施，比如地方自治。但一段时间后，英国人普遍认为，最大缺陷是"外控"管理，权力过度集中于地方教育主管部门，他们虽然是教育政策的制定者，但是教育实践很少,这样一来,教育政策往往不能深入人心。而教育实际上是一种消费,学生、家长就是消费者,即顾客,谁在市场竞争中赢得顾客,谁就能获得较高效益。

为了提高教育质量,英国在教育系统内普遍引进市场竞争机制,对学校进行间接管理,即校本管理,提倡学校自治——自定政策、自主"经营",这可以使学校更加灵活,效率更高。

于是英国在基础教育领域推出了一个新计划——开设"直接拨款学校"。任何由地方教育局管理的郡办学校或民办学校,经过家长投票同意后就可以申请

■ 班级图书角

| 我的教育视界

■ 一所普通小学的名人墙

"直接拨款学校",经过教育和科学国务大臣批准后,就成为"直接拨款学校"而脱离当地教育局的管理。每年教育和科学国务大臣都将根据情况直接拨款给公立学校,以支付维持拨款、专项拨款以及基建拨款。可见,随着直接拨款的公立学校的发展,地方教育当局在教育管理中的作用无疑将发生改变。

学校自主管理,具有以下优点:一是将权力下放至学校,即地方教育当局给予学校更大的权力和自由,实行校本管理,学校少了许多"婆婆",有利于学校的发展。二是保证决策的正确性。学校决策是以集体形式作出的,集体的组成人员包括学校委员会、学校监督、校长、教师、社区成员、家长代表以及学生。集体的形式,给予了教师、家长和学生更多的参与学校决策的机会,因而能够保证决策的民主与质量。三是利于学生有差异地发展,学校可以按照学生所需,灵活配置学校资源以符合学生各方面的兴趣和需要。四是改革学校的管理系统,有利于调动学校员工的积极性和主动性,优化教育资源,以提高教育质量。

近年，为了更好地促进学校的发展，英国又实行了"学校申报学院制"。凡是被评为"良好"以上等级的学校，都可以申请成为学院。这些学校由此变成国家拨款学校，而不再由地方政府和教育局管理。从国家获取拨款，学校便和地方政府没有了任何关系，解除了地方政府的管制，学校办学的空间更加自由。

目前，在英国3000多所中学中，有1800多所已经成为学院。而在英国20000多所小学中，1200所成为学院，占6%的比例。

被授予学院的学校可以自主招聘教师，不实行国家统一的课程，也可以自主决定本校给老师支付多少工资（实际上大部分学院还是跟着国家标准走的）。还有一些学校因特殊背景或多种原因而成为学院。

学院在英国是非常复杂的概念，一般是由企业对其进行资金支持。最初政府的理念是企业可以为学校捐助一部分资金以帮助其发展。现在实际发生的情况是，特定企业会同时为许多学校提供资金支持，因而这些企业会对学校的整体质量负责。所有学校都会设有理事会机构，成员由一些自愿者组成，这些成员有责任监督学校，使其提供更好的教育并符合一些条例。

还有一个现象，就是英国发起学院联盟。目前学院联盟正在增长。办学时长3~18年的学校（年龄跨度很大的一贯制学校）与高绩效学校转为学院，并支持其他学校；学校作为团体转化为学院联盟。有的学院联盟包括20所学校。较好的学校和较薄弱的学校可以组成一个组，形成联盟互助的伙伴关系。一些学校也会联合起来成立一个团体，组建一个教学联盟，成员学校之间相互帮助改进教学。一些有影响力的校长或高级教师会去各所学校开展辅导。这些校际间的活动是不受政府干涉的。目前学院联盟的形成过程正在加速，办学时长3~18年的学校，有1/4转化为联盟的一部分。在英国有很多跨度很大的一贯制学校，而这在中国还不多见。

我国在《国家中长期教育改革和发展规划纲要（2010~2020）》当中提到，要加强研究现代学校的管理机制与经验。这是否意味着，我们这些做校长的也应在"学校自主"中创新发展机制？

当然，这不是简单地复制英国，将学校改为学院的形式，或是申报成为直接拨款的学校，更不是组成学院联盟。实际上，中国的优质教育资源也呈现出规模扩大或复制的现象，如某优秀中学或小学开办分校、一校多址、新建或收编薄弱学校的现象，不也在一天天上演吗？

这使人联想起我国的有些中学，成立了一些课程研发机构，也叫作"研究院"；在中国大学的扩招体系中，原来的学院转变为大学，里面的相关系所，变成了学院。是我们跟着英国赶时髦，还是英国跟着我们赶时髦？

用英国专家的话说，无论是地方自治还是学校自治，都会促使学校领导进行自由创新并且推进学校改革。但正如宋世云老师质疑的：地方自治与学校自主会不会造成质量分化？国家政府机构庞大起来，地方是否无所作为，自治空间反而变小？地方政府不管了，特色是否会受到影响？是否会造成教育不均衡？

二、家长择校

家长择校是英国教育关键词"选择和多元化"的重要内容。20世纪80年代，以首相撒切尔夫人为首的保守党执政后，提出要结束国家对教育的垄断，把市场机制引入教育，由此引发对教育的全面改革。

1992年，英国政府发布教育白皮书，提出重要概念"家长选择"，强调个人自由发展已经成为当时执政党的方针。在他们看来，虽然所有人的地位都是平等的，但由于每一个人的天赋不同，因而所受的教育也应不同。保守党还从经济自由思想出发论证了家长择校的必要性。他们认为，办学如同从事市场经济活动一样受到市场经济规律的支配，人们有权利购买他们所需要的商品，也就是家长应该自由地为子女选择学校。

由于扩大了家长择校权，因而保证了家长对中小学教育的直接影响。家长不仅可以使他们的合理愿望得到满足，而且可以就直接拨款公立学校的地位进行投票，其结果是家长和社区有了更大的权利。例如，学校要公布有关办学成绩和学生情况数据，公布自主管理的财务报告，定期和家长举行会议等。家长选择权的扩大和对学校工作的参与，非常有利于基础教育的改革。为我们培训的皇家督学 Brian Oppenheim 也认为，家长参与是创建一所优秀学校的最重要的因素之一。

实行家长择校，改变了以往公立学校"高枕无忧"的局面。以前是学校选学生，现在是学生选学校，这促使学校加倍重视自身的教学质量，以提高自身在社会和家长心目中的声望。

由此想起"择校"一词在中国家长心中烙下的深深的"痛"，面对"被"择校的处境，家长们忧虑心焦、寝食难安。那么在英国，家长和学生最愿意选择什么类型的学校？最有魅力的学校又是什么类型？

培训师回答我们，虽然家长大多也选择就近入学，但是对家长来说，成功的、有名誉的学校还是最具有吸引力的。可以说，大多数家长看重学业成绩，不过，也有家长选择更漂亮的学校宿舍，更有家长选择免费入学。

英国的免费学校是由家长监督的，有一个共同标准以评估学校质量，并且接受教育标准办公室管控。如果做得不好，家长可以告知教育标准办公室来进行改进。目前英国有 95 所免费学校，其中便包括 3 所特殊学校和 7 所非传统类学校，18 所视频学校和 34 所技术学院。视频学校可以自主选择聘请教师和使用课程。对于技术学院，家长则希望孩子在技术教育上取得成绩。

在英国，理性的家长不太关注学院是地方性还是综合性学校，而是重视学校的良好声誉与名望。这份名誉是长期积淀的结果。Brian Oppenheim 用个人的例子说，他先是把自己的孩子送到一个地方自治小学，觉得这个选择很好，孩子学习也很快乐。但是那个地方的中学名誉不是很好，并不注重习惯、意志等培养，所以他又把孩子送到一所远一些的中学。

那么，中国家长目前的择校热是否也是基于以上因素？如果说英国教育战略强调家长择校，并且强调多元化是一种更好的促进公平与竞争的手段，那么，中国教育的师资配备、教育基础、地区经济等因素，是家长择校的原因吗？

■ 和英国老师讨论家长择校问题

尽管国家强调教育公平，要求就近入学，但为什么家长们仍然执著于"我不相信"？是什么原因导致中国家长"唯分数"式的择校？

择校一方面给家长提供了更多选择，另一方面也给学校带来了巨大压力与竞争力。当我们提出改善教育质量、提高办学效率的目标，试图满足"少数"家长不同的择校要求的时候，不应该忘记公立学校体系内的绝大多数学生的不同发展要求。在某种程度上，家长选择能够使自己孩子获得"更有效"教育的学校，这样做是期望从中受益。然而，学生大量涌入"有效"学校，可能会降低有效性，就像从大量"无效率"的学校涌出一样，可能进一步降低有效性。有些时候，家长转而无奈地选择其他学校。正如有人指出的，正是糟糕的家长做出了糟糕的决定。

作为一名校长和一位家长，我认为家长择校应关注以下问题：学校提供给学生的课程和其他学校相比有多好？学校对学生有多关心？学校与家长合作得有多好？学校管理得有多好？学校与众不同的特征是什么？学校各学科中的教学标准和人格完善培养质量高于别的学校多少？

三、更加复杂的问责制

关于这一点，Brian Oppenheim 举了一个例子：以前的课堂，没有严格的管理，没有人关注教师同仁的想法是什么，人人就像只会一招的小马驹。现在，有了新标准出台，教师、学校不再是只专一技的小马驹，而是技艺纯熟的教练。

由此看来，必须提高从事教育的校长和教师的职业资格的门槛：教师不仅要了解一门学科，还要多做其他方面的了解；校长必须具备新的职业能力，改进管理机制与方法，提供学生免费午餐和奖学金，总结学校政策，想办法高出目标，并且超出教育标准办公室的教育标准。

除了自身需要努力，校长和教师还要学会承受家长与政府的干扰。这就是英国改革的"更加复杂的问责制"。英国在严格的教育督导基础上形成的教育问责制，效果非常显著。英国教育标准办公室将每所学校的督导结果和报告向全社会公布，不合格的学校将被教育标准办公室列入"失败学校"的行列，这些学校被责令在两年内改变，否则将被关闭，而不合格的教育当局也将面临同样的结局。

工党执政后，政府在国家主流媒体上公布了18所"失败学校"的名字，并对其采取关闭学校、解聘校长和教职工、学生自由选择学校等行动。有的地方教育局因为在督导检查中不合格，其行政管理权被移交给中介教育机构。这些举措在英国中小学当中引起巨大震动，而使得对效能的追求成为教育部门的自发行为。

因此，问责制对学校和老师也是很大的挑战。他们需要知道自己怎么做是对的，怎么做才能更好，才能更有效地提高学生的成绩和水平。有的学校暑假课程做得不够好，没有达到基本目标，政府就要进行更加严格的管理，学校就要做出更多的努力，把成绩提上去。老师们要有全方面的教育专业知识，也要有教育学士学位。学校既要照顾师生的感受，也要关注方方面面，问责越来越细化，越来越严格。

除了学业水平，对于资金学校也要严格管理。学校必须保证资金正常运转。学校资金主要依据的是学生的人数，英国目前每个学生有 300～600 英镑的赞助额度。但根据学校状况不一样，还会给学校一些特别拨款和补助，这主要决定于学校的规模和人数。此外还根据学校是否处在城市中心，是否有足够的体育设施等，可以给予学校额外拨款，以助其在学校以外的地方配置这些设施。这些资金由学校统一管理，不归地方和教育局管理。

英国有教育资金的专门监督机构。地方标准局要监督经费使用是否合适，监督学校是怎样将经费用到学生身上的，用到哪些地方，从而对细节进行监管，以确保经费的合理使用。如果学校把经费用到老师身上，就会在督导评估中被通报，如果不是专款专用，这部分资金就会被取消。如果这笔经费没有被负责人很好地使用的话，负责人就会受到革职的处罚，甚至被告上法庭。严格的问责机制和管理条例让我们看到，虽然给了学校很多自由，但是监管也因此更加细

■ 和英国教师探讨问责制等问题

化，如果校长不去合理使用资金，就会承担更严格的责任。

在交流中，我提出了一个问题：除了拨款以外的资金，比如捐款等，是否受督导检查监督？回答是，学校自己筹集到的资金，会由审计公司进行审计，这部分资金并不由政府审查。每个家长每年自愿捐 600 ~ 700 英镑用于学校建设，学校怎么使用这笔经费也不给家长答案。一般学校并不会收到太多的资金，如果有大量的资金赞助，那就需要审计了。一所较大的学校可能需要管理 5000 ~ 7000 英镑，像一个大公司的管理一样复杂。

仅从以上三个关键词的讨论，已经感受到英国校长不容易当——需要全方位衡量学校的各种因素。20 年前英国学校出现问题会由地方政府处理，如人员管理、工资管理、辞退教师、家长的要求、董事会的考核，以及上级教育行政部门的监督，都会让校长们"如履薄冰"。可见，表面上学校看似越来越自由，实际上家长择校越来越复杂，连带的管理和问责也会越来越严格。

中国的校长就好当吗？有人说校长头上有三把刀："质量"、"安全"和"资金"。办学没有好的质量，必然要受到问责；安全出了事故，你工作再好也一票否决；如果办学资金不到位，教师待遇与学校办公设施等跟不上去，自然就会影响学校质量……其压力不亚于英国校长！

对比大多数欧美国家的现代化教育，我觉得虽然英国教育有着自己的历史与文化积淀，反而没能超越他们。

为什么？

是因为英国没有像其他欧洲国家那样的全国性的初等教育机制？是因为英国保守主义对于国家办学的理性抵制？保守主义意识形态下的教育，在客观理性指导下，引入"更复杂的问责机制"，难道有利于学校教育的改革发展在谨慎中前行？

别忘了，19 世纪早期，英国比其他任何一个国家都更彻底地弥散着自由主义思想。洛克、罗素、哈耶克，这都是我们熟知的名字，他们的思想光芒无不对英国追求的"自由教育"起到里程碑的意义。应该说没有他们，就没有今天

"自主、选择"等理念对英国教育政策的深远影响。有学者说，教育中的自由主义传统将会留下一份复杂的遗产。尽管许多支持者都会继续维护使教育充满活力的这份独立力量，但也正是自由主义的力量，将不断破坏公共教育的一致性和可信度。

法国有句谚语："越改变，发现相同的事情越多。"

的确！

我们是需要绝对的自由呢，还是保姆式的国家？

我们需要自主，还是统一？自由的革命，还是控制？权力下放，还是控权？

我们是要告诉学校做什么，还是需要一种制衡？

所有人都有选择吗？在偏远的农村呢？

教育是否依然是高度的主智主义？

基本教育机会的均等，从古至今，真正实现过吗？

学生个体自由过吗？

……

这些问题始终让我困惑。毫无疑问，学校自主、家长择校，我们也都在试图改进，甚至比英国还激进。有些学校试图在自己的范围内落实更为自由的哲学信念，然而其努力几乎没有产生影响……

太多感慨，太多话题。以上语言碎片或许有些"语无伦次"，只因个人能力所限，说不透教育，也说不全改革。就好比800多年的牛津、600多年的剑桥，太深远，太复杂！好在有几个改革的关键词给我们联想，给我们启发……

相关资料

1979~1999年，撒切尔夫人在教育领域引入市场机制，建立教育准市场。

1988年，英国颁布了《1988年教育改革法》。该法规定：(1) 所有公立学校在其招生定额内，不得拒绝家长的要求；(2) 最大限度地设定各学校的招生定额。这样，家长的择校自由就得到了切实保障，可以自主选择地方教育当局规定的学区以外的学校。进入20世纪90年代以后，家长的选择权又得到了进一步的扩大。

1992年，英国政府发布教育白皮书，把"家长选择"作为重大主题之一，强调更多的家长选择学校的机会。家长可以在公立学校和私立学校之间选择，也可以在郡立学校与教会学校或其他民间团体所办的具有传统特色的学校之间选择。白皮书指出：坚定地信守家长选择权和参与权，并在国家统一课程提供的框架内帮助所有学生争取更优异的成绩，这是支撑英国教育制度的支柱。

1993年，《1993年教育法》使家长获得了更多的择校帮助。该法要求地方教育当局要定期向公众公布更多的关于学校的信息，包括区内学校考试结果和其他行为指标，以帮助家长进行选择。

1994年，政府制定《家长宪章》，规定当地应公布更多的学校信息，为家长提供区内的学校考试成绩，家长有权查阅有关孩子进步的成绩单。

让好教师留在课堂上
——英国教师的专业要求及薪金

"教育质量是由教师质量决定的",这是英国麦肯锡的论断;"教师是生产力的基石",这是英国教育大臣的论断。在中国,类似这样的观点很多,不管怎样表达,核心的意思只有一个:教师至关重要。

一、招聘和培训

英国特别注重对教师的招聘,希望有更多的优秀毕业生到学校当老师,尤其是当小学特殊教育老师。皇家督学 Brian Oppenheim 告诉我们,在英国教育的各个阶段,小学老师的缺乏尤为严重。听罢心生感慨:中国就不缺小学老师吗?尤其优秀的小学教师!中国重视小学教师的专业进修吗?在寻找教育原点、寻找教育规律的今天,从事基础教育的小学老师是多么重要!

毋庸置疑的是,小学教师,不,所有教师的专业可持续性发展是多么重要!我们不能指望载着原学历走向"黔驴技穷"吧!于是,就有了教师的专业要求。要实现要求,靠的是培训。

英国政府十分重视教师的在职进修,一系列有关教师在职教育与培训的报告和发展计划,使中小学教师的在职进修得到了飞跃发展。其培训最有代表性的是体现教师需要的"六阶段培训模式"。

20世纪80年代末,英国谢菲尔德大学教育学院在大量调查研究的基础上发现,以高校或教师培训机构为中心的教师在职培训存在许多弊端,如培训的课程内容与中小学教学有很大偏差,培训计划只考虑共性而很难完全适合个别学校的特殊需要,教师参加培训后形成的新思想、新策略回到学校后因得不到周围环境和同事的默契配合而难以推行。鉴于此,英国谢菲尔德大学教育学院设计了中小学教师校本进修的"六阶段培训模式",现已成为英国中小学教师在职培训的主要模式。具体操作如下:(1)确定需要。教师在教学中确认需要培训和提高哪些方面,然后与大学培训部门直接联系;也可以通过地方教育部门负责培训的专职人员向大学传递信息。(2)谈判。在确定需要的基础上,与大学培训部门洽谈怎样依据教师需要制订教师在职培训计划。(3)协议。谈判结束后要提出一份详细的培训协议。协议完稿后要交给教师讨论,得到教师的认可后才能最后确定。(4)实施培训步骤之一。培训前两天是以大学为基地进行的,课程是导引课程,介绍新知识和新的方法论,有助于教师开阔视野、增长见识。(5)实施培训步骤之二。两天的导引课程结束后进入以中小学为基地的实质性培训。(6)结束。培训结束后,教师会对自己的教学工作充满自信,能在教授新课程时运用培训中获得的知识、经验、技能与方法。这种培训模式让培训机构的教师走出大学

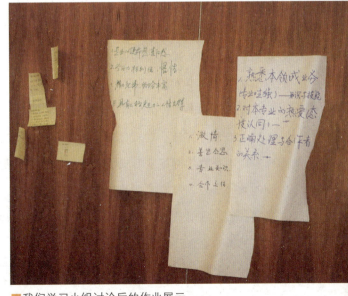

■ 我们学习小组讨论后的作业展示

校门，发挥专业特长，有针对性地对中小学教师进行培训和指导，提高了效率，不失为一种大胆的改革。

这种培训模式有着灵活多样的进修形式和内容，英国的在职教师进修可分为全日制脱产进修、部分时间制的半脱产进修和业余不脱产进修。脱产进修只有具备5年以上教龄的教师才有权申请，而能获得批准的人仅占申请者的1/3。因此地方教育局和学校鼓励教师参加半脱产或不脱产的进修。

在职进修的活动包括课程学习与编制、学科会议、专业讲座、研讨会、示范观摩课、展览活动、参观等。在职进修的课程有1年以上的长期课程、为期1学期的中期课程和只有几天的短期课程。长期课程又分为学位课程和证书课程，往往与提高教师学历和骨干教师的教育科研能力相关。中、短期课程则通常与中小学实际需求密切相关，因而最受教师欢迎。英国有完善的进修制度，政府规定，中小学教师每执教5年可脱产进修1学期。

这样，教师不仅把在职进修看作应尽的义务，更把它作为一项权利在享受。在英国中小学教师的工资制度中，还专门设有鼓励教师参加在职进修的津贴。如最近英国教育与就业部宣布，所有参加"研究生教育证书课程"的人员，学习期间将享有全年6000英镑的培训工资。这样就把参加在职进修与教师的切身利益紧密结合在一起。英国中小学教师参加进修的热情很高，参加在职进修的教师占教师总数的90%以上。

此外，我列举两种英国自认为新颖的培训形式。

一个是教学学校。由国家教育标准办公室监管，把一些学校组织在一起，形成一个国家教学网络，形成了学校与学校之间的支持。每一所学校都有各自教师的发展计划，每位老师都有个人的从业经历，在自己的学校里有自己的个人发展项目，并能从网上获得所需要的知识。老师参加的多方面的培训可以起到立竿见影的效果，可以为学校的发展提供支持和方向。这些教师经过培训后，可以将经验分享给同事，也可以在网络上分享他们的教学方法。相关大学在这里发挥了重要作用。大学聘请有长期教育经验的校长到大学，让他们作为培训者对教师进行培训。这样一来，教师带着实践经验到大学去听课、学习，然后回到学校研究如何将知识运用到教学之中。

一个是国家学校领导力学院。这是针对全国教师管理层进行的培训，其成员是全国资深的校长。相关大学的培训课程的目标是打造一个"硕士"（这里的"硕士"不是简单地指硕士学历，而是指具备了硕士管理高度的管理水平）。

仅从这两项看来，英国和美国的教师进修模式有相同的地方，都是聘请在实践中有经验的卓越知名校长为教授，给一线的教师们做培训。而小学或中学的教育专家和校长充其量是被邀请去讲几次，还不能真正拥有大学的"护照"，获得"教授"身份。

培训的主要意义在于如何把培训的经验转化为实践，达到最终让学生受益的目的。培训的结果可以用于很多用途，可以作为教师绩效考核的参考，也可以作为政府的督导依据。学校也会大力支持自己的教师达到这个标准，如果有不接受这种支持的教师，学校就会请他另谋高就。

我们所去的教会学校 Grey Coat，教师之间的教研特别多，多是利用了学生放学后的时间和课余时间，有时还在晚上培训。

当然，在英国我没有看到中国教师常见的培训方式，即同行之间大规模的教学观摩。这种现象在我去美国学习的笔记中有所议论，这里不再赘述。

综观以上论述，可以发现，英国教师培训没有中国的丰富。国内的教师培训从国家级的"国培"，到地方的"省培、市培、县培"，甚至兴起了各种私立培训机构，可以说是五花八门。

问题是，教师的成长是不是培训出来的？有专家强调"发现教师"，是不是可以给我们一些启示？

二、专业职级要求

英国教育部长强调："让好教师留在课堂上！"

现行英国教师专业标准共分五个级别：合格教师、核心教师、熟练教师、优秀教师、高级技能教师。标准由下至上，层层递进提高，五个层级的标准是绩效考核的依据，与工资挂钩。合格教师标准即教师资格获得的标准；核心教师标准是整个标准框架的灵魂部分，它是入职教师必须达到的目标，也是对熟练教师、优秀教师和高级技能教师的终身要求。

英国有一个教师晋升路线图。从新教师到初级教师，一般需要6年时间，接着就进入优秀高级教师的评选。每隔两年还可以晋级，最后可以成为高级专家教师。对于新教师和初级教师，领导要为其安排导师（相当于中国的师带徒），他们要不断地听课、评课，如果没有达到既定目标，学校就要提出改进要求。

在Grey Coat从教的新教师王文霞告诉我们，她为了拿到英国的教师资格证付出了巨大的代价。

这个曾在北京教书的中国人，首先要做的是进修教师职业课程PGCE，相当于取得硕士学历。要学习两部分内容：一是理论课程，包括行为管理、教学创新、学生测试、交叉学科教学和英国校园文化；二是教学实习NQT，也就是在职培训。成为正式职业教师前的她特别辛苦，每天五点起床，坐上车来到学校，晚上要写教案，写反思，每天只睡几个小时。作为实习老师，她每周要讲20个课时，每堂课都要有PPT、作业、教案等等。

英国对教师的专业要求很高。英国有好几套用以获取相关资格的学习。没有经过这类学习，代课教师或其他没有教师资格证的人员是不能正式成为教师的。

即便你拿到了教师资格证，也不能证明你就是一名合格教师了，还要不断被领导和高级教师"轮番轰炸"。如果这一年的试用期不合格，那么只有遗憾地告诉你，你只能告别教师这个职业了。

优秀高级教师要为学校整体发展贡献智慧，不能各自为战。对于高级专家教师也有规定：不得参与学校管理工作，教育局有统一安排，一般每周有四天在学校工作，第五天受教育当局委派到所在区域其他学校帮助指导。也就是说，从政策层面给教师不同选择,无论是做优秀教师还是做优秀管理者,都可以获得认可。

校长在英国叫 headteacher,翻译过来就叫"教学的头儿"!可见,校长和与教育教学有关的管理者都必须是教师出身,甚至是资深教师。

在英国,要成为高级教师特别不容易。首先在督查中,你得出示相应的证据证明你具备这样的素质;然后要听课,看看你的课堂能否达到高级教师的水平;还要向家长咨询该教师是否特别有利于自己孩子的成长;最后要问学生,这位教师是否让自己得到了提高,是否让自己感受到了幸福和成长。如此的高标准下,英国每年评选出的高级教师寥寥无几。

高级教师不仅要服务自己所在的学校,还要服务社区;不仅带实习教师或刚入职教师,还要进行学科纲领的制定以及教学培训。高级教师可以去小学、中学做工作。

高级教师除了要解答新入职教师提出的问题,还要为新教师提出努力的目标。同时,也要听其他成熟教师的课,以共同提高。

高级教师还要针对学校某一方面的内容进行培训。由于高级教师的工作量特别大,普通教师每两周50课时,而高级教师只要上13~15课时,剩余课时用于参加以上提到的各类辅导培训。

《清华附小办学行动纲领》(以下简称《纲领》)中提出,选择做教师就是选择修炼的进程,选择做清华附小教师就

■一位英国教师办公桌后面的一角

是选择更高的修炼进程。如果说英国教师职业技术鉴定需要一个真才实学的过程，那么我们需要的老师可以具体描述为：

每一位教师应努力使自己成为一个因知识和才能而受聘，并全身心投入事业的人；一个不断获得知识与社会经验的人；一个能完成相当多令人振奋任务的人；一个富有创造精神的人；一个随时准备从经验和教训中学习的人；一个从人品到才干都受到尊敬的人。

在教师这个职业中，我们永远修炼！

三、相关薪金

据英国教育部官方网站报道，英国教育大臣迈克尔·戈夫已于日前正式向英国学校教师评定机构提出改革现行教师薪酬制度，英国将下放教师薪酬分配权，以吸引和留住最好的教师从教，并确保教师是一个值得从事与具有吸引力的职业。

根据英国新的教师薪酬制度改革框架，学校将大力奖励那些在职的高效能教师，高薪吸引那些优秀大学毕业生加盟教师队伍。为满足学生学习需求，新制度最大限度赋予了学校自主支配经费权，大力奖励与保障最好的教师在最具挑战性的学校工作。据悉，英国新的教师薪酬制度有望自2013年9月起实施。

英国政府近些年特别注重拨款支持教师培训。个人的资助拨款作为培训经费的补充。

目前，英国为每位教师提供11000英镑的培训资金，其中有6000英镑用于学校购买设备，支持该教师的工作。另外，英国还有50所大学参与了教师培训的项目，这就形成了以学校为主导的培训方式，也满足了教师对学位证书的需求。这样一来，学校就明白了自己的员工怎样工作才更符合国家对优秀教师的要求。

英国对教师专业标准的评价，其目的是促进教师自身的专业发展，是一种与传统的奖惩性评价完全不同的方式，强调的是发展性评价。

近两年，英国政府除了资金投入教育培训，相关繁复的文件也在大幅度减少。2012年9月份以后，英国新的教师专业标准颁行。实施的文件比以前更薄，更简单了一些，体现了"以教师为本"的理念。比如：(1)怎样才能真正有效地通过教师专业标准评价促进教师自身的发展？(2)以何种方式向教师提供要求或反馈？(3)怎样关注教师专业标准外的情感生活？(4)怎样缓解教师的工作压力？

试想，要求减少，关心增多，如此一来，一个很客观的问题摆在教师面前：对教师的专业要求更加严格。

英国特别注重对教师能力的考查，如果达不到标准的要求，就可能被取消教师资格。对教师的表现的观察，过去是至少用一年的时间，现在则是三个月。

有一个客观问题出现了：因为教师标准高、要求严，教师薪金也必然增长。

以往，英国以专业的教师标准为基础，根据教师的年龄和资历，自动调整薪金发放。

现在，英国教师工资逐年在涨，想拿到更高的工资，就要付出更多工作量，承担更大的责任。当然，如果学校评级为不合格，教师的工资就不会再涨了。可见，新的规定中，教师薪资由学校决定，取决于教师是否达

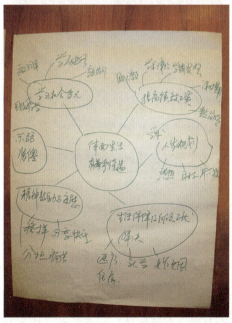

■ 我们把心得展示出来：这是我写的关于教师福利薪金的网络图

到专业标准和教师的业绩水平。当然，教育标准办公室的机构也会介入。

拟议新的好教师的标准，目的是为了让好的老师有更好的收入。好老师身上肩负着更多的责任，要承担更多教学之外的工作，有更高的标准和要求，要不断提高自身水平，设计更多更好的教学领域的东西。在这不断的提高中，教师也可以赚更多的钱。

英国有国家统一的工资，但因地区经济、消费水平的差异，工资也有地域性差异，不同的地方，工资也是不一样的。

教师的标准和工资挂钩，你付出得多，获得的工资就多。比如第一年25000英镑（折合人民币约25万元），每年以3000英镑的幅度递增。涨到何种级别，要依据教师的表现而定。

过去，教师工资涨到一定程度就不涨了，现在不同，学校自己决定教师工资的高低。过去，你兼职能挣到更多的钱，但现在不同了，你只要安心做好教师，就能挣更多的钱。英国培训师说，现在英国正处在经济危机中，教师的钱是少了，但大家的工作热情还是不减。听了这句话，我很感动！

当然，高薪酬也带来了更高的质量要求和更强的竞争。从2012年起，英国拟对教师实行优胜劣汰制。教育标准办公室新任首席督学麦克·威尔肖宣称，他不会容忍严重困扰英国的教育平庸。太多的学校并不杰出，却被贴上"杰出"的标签，而他希望"杰出"要名副其实。他强调，校长及其高层团队应该在说话或做事中表现出对教学的热情和执著。他们必须致力于专业的发展，必须确保业绩管理极大地惠及优秀教师，而且必须确定对一贯不称职的教师采取行动。这意味着要建立一种新的体制，使教师明白期待什么。当然，这些期待没有兑现时，也允许尖锐的对话。它提供了专业发展的机会，教师一旦失败，失去的不仅仅是薪酬，更可能是工作。而且，这还意味着，那些工作成绩突出的教师更容易获得晋级和加薪的机会。要推行这样的管理制度需要校长惊人的毅力和决心，因为这样做，无疑会被指责为不公平和牺牲了弱势同事，所以对校长进行鼓励也很重要。

在 SSAT 汉语教育年会上的致辞中，英国教育部某官员说，中国教师很幸运，因为在中国传统文化中，教师就受到尊崇，拥有很高的地位。他还说教师的地位是文化赋予的，不是政治赋予的，英国应该反思，应该向中国学习。

他说的不错，但目前在中国尊师重教的传统还有吗？教师有品质的生活和有尊严的待遇实现了吗？

天下教师一样好！即使没能有尊严地活着，我们也会努力做有尊严的老师！谁让我们还有一个师德在身呢！

让好教师依然留在课堂上……

相关资料

1. 在英国，教师要有职业发展和专业发展的背景知识。上岗之前，有三种培训方式可以帮助一个人成为教师。第一种方式是针对十八九岁想当老师的学生们的，他们上四年大学本科的师范专业，将来就有机会成为小学教师。第二种方式是针对已经大学毕业拿到非师范类学位了，又要当老师的人的，他们可以申请学士后证书，拿到师范学位之后就可以当老师了，更多地注重教学技巧。这两种方式都要参与实践20周。第三种方式是，已经被学校录用，但没有师范学位或研究生证书的人，学校会对其进行培训。培训中他们会有薪水，且能得到大学或资深的教师的关注。目前英国每年有3600人通过这三种途径取得教师资格。当然，无论经历何种培训，都必须取得教师资格证方可上岗。

2. 英国的学校评级制度改革。据英国广播公司报道，英国日前学校评级制度改革，有1/4被评为"杰出"的学校因为教学水平未达最高标准而将重新接受督察。

监管学校教学的英国教育标准办公室首席督学麦克·威尔肖表示，没有"杰出"老师，就不会有"杰出"学校。因此，教育标准办公室日前推出了最新的学校评级制度，以取代原有的学校评级制度。

新的学校评级制度将重点放在最基本的要素——教与学上面。尽管学校整体表现被评为"杰出"，但如果教学质量单项评级没有达到"杰出"，就必须重新接受督察。而且在新的学校评级制度下，学校未来将接受督学的"突击检查"。之前，督学在到某个学校检查之前会提前几天发出通知，但从2012年秋天开始就不会有任何通知了。此外，未来学校评级也不会再有"符合要求"这一等级，而是以"需要改进"取代。

据了解，英国学校评级目前一共划分为四级，依次是杰出、良好、符合要求、不及格。

有这样一所教会学校

清早，打开窗，雾蒙蒙的英国天。

出发，天已放晴，仿佛一条鲜亮的蓝毯子铺展上空。

8点，来到Grey Coat中学门前。

随同我们一起走进学校的，是陆续而来的女孩儿们。只见她们不同肤色，不同发饰，身背各色背包，穿着灰色校服、黑色短筒袜，面似微笑，时不时含蓄地对你点点头。

走进大厅，装饰庄重典雅，耶稣像、十字架……左边是醒目的学校标识——两个学生正在种树，一位扶树，一位浇水，意为"我们播种，我们成长，神保佑我们"！

原来这是一所有着300多年历史的古老的教会学校。

最初创办人希望能为穷人提供

■ 学校的标识

| 我的教育视界 |

一个社区让他们接受教育，将来这里的公民可以成为"忠诚的公民，有用的工人和坚定的基督徒"。1874年，该校正式更名为女子学校，由教会管理。1998年，该校举办了300周年的纪念活动并为新的高中部（不仅接收女生，也开始接收男生）教学楼举行启用仪式。2002年，学校正式成为语言学院，并且在2008年取得了培训学校资格。在最近的督导中，学校再次取得了优秀的等级。

一、原来这是一所优秀的古老的教会学校

基督文化对英国教育的影响十分深刻。教区学校、主教制学校、修道院、中世纪大学、盲人和聋人学校、主日学校、现代分年级学校、中等教育、现代学院、大学以及普世教育等等，它们有一个共同的特点——基督教的产物。

■ 学校墙壁上的宗教故事

第一辑　英国教育随笔

走进简单的接待室，扑面而来的是咖啡、面包、红茶香——香喷喷的早茶摆在两旁。校长助理用英国人特有的礼貌迎接我们。

值得一提的是，助理的第一项内容不是介绍校长，而是告诉我们如何去厕所。在告知厕所所在位置后，接下来强调的就是如何注意安全。她特别强调，一旦有火灾，马上跟着穿灰色校服的学生，他们做什么，我们就做什么。（我们到过的英国学校，都会为外来客人佩戴标识，以保障校园内部安全）

参加学校的晨会。伴着悠扬的宗教钢琴曲，学生们默默走进大厅依次而坐，主持人上台指挥，齐唱耶稣颂歌。各个部门的老师用最简短的话布置最近的工作或发布最近的好消息。在学生文雅美妙的"起哄"后，一位女同学走到钢琴旁和同学们唱起颂歌，一位男教师用别样的富有激情的方式给学生训导，一切都那么安静，只有一种声音在礼堂回荡，让你感动，让你沉思……

■ 女孩领唱

不仅每周有这样的晨会，学校的学生们，每学期都会去两次威斯敏斯特大教堂。

1999年，英国教育白皮书就规定过宗教教学大纲。《1996年教育法》规定，所有公立学校都必须为学生提供宗教教育和集体礼拜活动，所有慈善机构性质的学校也必须为注册的学生提供宗教教育。当然，家长有权选择自己的孩子是否接受这种宗教。

从2000年至今，宗教教育仍然保持了合法地位。

从新闻中获悉，英国教会学校有望开放招生，这对于那些并不看重宗教信仰，但却希望孩子得到良好教育的家长来说堪称福音。正如该校一样，英国很多家长看中教会学校的学校校风、纪律和好成绩。有不少家长在孩子入学前就开始参加日常的宗教活动，以增加孩子进入教会学校的可能性。正如有人评价的，教会学校的活动，是"朝着正确方向迈进的一步"。

是的，这所有着300多年历史的基督教会学校，将"感恩生命"、"积极的人生态度"作为学校办学的宗旨。他们在教堂接受洗礼，揭示生命的真相、活着的意义；他们每天在课堂上接受教育，探索我们来自哪里，人生应该怎样行走，心中应该拥有怎样敬畏的宗教情怀。

二、正因基督情怀，才有这样的老师

这里的老师，每一位都面带微笑，无论是在门口迎接学生，还是在走廊里和你相遇。年轻时就在这里工作的，经过选拔成为校长的女士自豪地告诉我们，学校追求诚实、正直与创新。为了这份理念，每一个教师都爱自己的学校，以自己学校为荣，互相欣赏，互相信任。她告诉我们，这是她做校长最幸福的一点。

她还说，这里的教师因为喜欢教育、喜爱孩子而选择了这个职业，因为喜欢这所学校而来到这里工作。每一个老师对每一个孩子都充满期待。在一个班里有能力高的也有能力低的，但老师最重要的就是激励他们，肯定他们，帮助他们，让所有孩子在爱与赏识中成长。

我想，正因为每一个老师都会给孩子平等的待遇，尊重学生差异，学生们才爱这所学校，并以自己是 Grey Coat 的学生为荣！

有一点遗憾，在早会上，一个孩子一直举着手，直到会议结束，这个女孩才把手放下。我很想知道这孩子想说什么。也许主持人没有看到，也许时间关系来不及让她讲，也许因为我们造访怕学生说的"不着边际"，但不管怎样，孩子举手了，而且不止一个，说明平时的晨会一定会有孩子讲话的。

这里的老师特别追求专业精神，英语和数学老师都是优秀等级。为了让学生更好地发展，学校开设了必修课程和自选课程。必修科目有数学、英语、科学、宗教、外语；自主选择的课程有三门，包括其他语言类、信息和科技。该校85%的学生达到了优秀，远远超过国家规定的30%。

学校虽然注重语言学习，但也强调学科的综合、全面发展。尤其对有差异的学生，他们还会进行前期干扰。

为了更好地促进不同学生的不同发展，学校安排了15个在政府部门工作的家长支持学校工作，他们在工作之余抽出时间参与学校工作。学校召开的家长会是一对一进行的，针对学生各科成绩和综合表现与家长进行交流。几乎每位主课老师都会接待家长，每位一刻钟。英国每个班学生的名额少，教师可以进行真正有效的交流。可在中国，一个班起码四十人以上，有的甚至七八十人，所以只能组织集体家长会，会后会有个别谈话交流。

我们中国的家长会能不能采用英国这种单独交流的方式？

三、因有这样的老师，才有这样的学生

这里的学生讲求诚实，注重沟通。

尤其注重和其他学校学生的互相学习。每一个孩子都会有机会建立一个社交圈，而不是仅仅停留在自己学校内部。

他们至少会两种语言。

这里的学生以语言学习为特色，尤其是学习西班牙语。11～14 岁的学生还有两个选择，一个是德语，一个是法语。当然，该学校也在尝试把中文融入其中。目前就有中国教师王文霞在这里教中文。她教八年级，用中文来讲授地理，学生不仅了解了地理知识，还学习了外语，这不就是我们国家常说的"双语教学"吗？

有些学生在语言方面有特殊的才能，在这里，他们可以学习多达 4 门外语。学校还成立了阿拉伯语俱乐部，让以阿拉伯语为母语的学生感受到学校是认可他们的母语的，甚至考试卷子也以其母语的形式呈现。

2012 年伦敦奥运会期间，学校举办了各种活动，不仅是因为在本国举办奥运会感到骄傲，更是为了抓住契机让学生用自己的语言表达自己的感受。

他们拥有国际视野。

学校的国际精神，不可能由一个人发动起来，需要鼓动全体师生体悟、传达这样的精神。学校每年 5 月开展国际周，活动内容包括中国老师写书法，制作灯笼等。

他们跟世界其他国家进行联系和交流活动，访问过多个国家——中国、日本、德国、法国等。每一次访问都有一个主题，比如去意大利交流的主题是艺术，去西班牙交流的主题是历史。

中午吃饭休息的时候到了。大多数学生会来到餐厅就餐，也有仨一群俩一伙，围坐地上吃午餐的，还有两组各十几个人组合在一起踢足球、打篮球的……每个女孩都像男孩一样活泼、"生猛"。每当下课，走廊里、操场上，处处欢声笑语，好不热闹！

但，一旦进入教室，四处都变得"鸦雀无声"，似乎学校空无一人，看不到一个学生在外面走动，更听不见一个学生大声说话。

寂静极了！如同他们送给你的微笑，一样的安静，一样的平和。

这所学校每年有近 1000 人报名，只有 150 个左右被录取——他们足够优秀！他们追求的不仅是成绩，更是成长。

我们采访了一个进修中文的女孩,问她在这所学校学习六年,最大的感受是什么。女孩想了想,没有做出回答,但是这种无声的回答更让我们感到真实。若在中国,我们的孩子可能会侃侃而谈。

参观校园,走进图书馆,看高中的化学课……经过整整一天的学习,现在,我们即将离开这里。

■寂静听会的学生们

欢送的时候到了,校长温柔地说着"再见"。从这位英国校长口中发出的汉语,听起来很有意思。

下午三点十分,我们跟放学的学生一起走出学校。真是巧合,早上和他们一同上学,下午一起放学。

还是那群不同肤色、不同发饰,身背各色背包,穿着灰色校服、黑色短筒袜,面似微笑,时不时含蓄地对你点点头的女孩们。

英国教育家怀特海认为,如果我们对有文明史以来人们普遍信仰的教育理想进行概括的话,教育的本质就在于虔诚的宗教性。上帝喜欢成为自己的人。

原来,宗教教育是这样一种教育,它谆谆教导受教育者要有责任感和崇敬感。责任来自我们对事物发展过程中的潜在控制。而崇敬是基于这样的认识:现在本身就包含着全部的存在,那漫长完整的时间,它属于永恒。

感谢 Grey Coat 教会学校——

我们播种,我们成长,神保佑我们!

相关资料

这是晨会上男教师的训导词。为了便于我们理解，在呈现的 PPT 上特意翻译了中文。现将部分原文呈现如下：

如果你只记得今天集会的一点：
那就是，你是最棒的。
别急着长大，长大真的是不容易。
尽管你今天也许还没意识到，你的未来充满无数的可能性。
要有创新精神，去创造新事物。
要学习别人，也要分享灵感。
最后要独立思考。
要学着去游泳，这种技能也许能救了你自己或是别人的命。
也许你会和他/她结婚，也许不会。
Ward 老师救了他落水的女友，之后他们结婚了。
不要轻易把你的心交给别人，但也不要奢求太多。
因为这样你会让别人难过，也会让自己心碎。
一定要学会小心，也要学会有风度。
不需要总把头发夹直。
卷发也非常漂亮。
每天吃 5 种水果和蔬菜。
不要过度使用自己的体能。
任何东西都有用光的时候。
不要听别人说你不会跳舞，否则你只会原地不动。
我们都能跳舞，画画和唱歌。
试着去发现你最擅长做的事，然后努力做好。
透过事物的价格，理解他们的价值。
重视友情，培育友情，珍惜友情。
如果你帮助别人，别人也会帮助你，无论何时何地。
我们都有无心犯错的时候——用心想想这句话。
……

学校有自我评估吗

读到这个题目,你肯定会说:"怎么?谁说我们学校没有自我评估?我们不是每学期写总结,经常写反思吗?苏格拉底的'认识你自己'我们不是都会背诵吗?"

人真的很难认识自己。一所学校也同样如此。

就教育来说,每个学期,每个年度,或者在三年一轮的上级督导期间,我们做过自我评估吗?

作为领导者和管理者,你应该思考这些问题:什么样的学校是一所好学校?我们的学校表现得怎样?我们如何知道学校的表现?我们应当如何改进?

一、我国学校自评知多少

在北京教育系统要求的自我评估中,目前有8项46条(8项包括发展规划、干部队伍建设、行政工作、德育工作、教学工作、学生质量、学校特色及其他;其中包含46条督导款项,数量过多,目前正在改进)。我们经常把一学期的教育教学内容总结一下,应付过去,结尾象征性地写一些问题——而真正对自我的诊断还远远不够。有时上级要求学校一年做一次评估,有表格,有评价员,有群众打分，有汇总，之后干部开会讨论，最后形成一个报告上交。

其实，完成学校自评表不等于完成学校的自我评估，自评表只是用于记录和总结一次完整的学校自评过程的手段。学校自评是一项持续而非终结的、动态而非静态的、融于学校日常管理系统而非独立行事的活动。然而，我们并没有顾及或者并没有想到那么多。

管理制度较为完善的学校，除了完成上级的任务，还在内部以一个学期或一个季度为周期，以开会的方式进行自我诊断，比如这个学期我们的计划是什么？做得如何？存在哪些问题？是什么原因造成的？今后如何改进？

在清华附小，管理者的会议内容经常是批评与自我批评相结合的民主生活会。这样，每个人都会从自己的工作回顾与梳理中，对成绩和问题有一个清晰的认识，而后更有把握地继续开展下学期工作。一个学期下来，由校长代表学校在全体教师面前进行一学期的总评。但是，这样做就真正清晰地认识了学校自身吗？如果有人问学校自我评估的效果如何，我们可知如何回答？这样的总结往往只是描述性的，如果你掌握了这些知识但没有做好日常记录，那么你的过程性操作仍有待提高。

有些时候，学校自我评价觉得很好，可是没有确实的证据。

在判断领导力和管理中，自我评估的质量是关键因素。我们做得如何呢？作为领导者，你不能说"我的第一反应是，我首先想到的是……"，这样一来，你的自我评估仍有待提高。而我恰恰不就是这样说的吗？

那么，怎样进行自我评估？

二、英国学校的自我评估内容

我们上交的自我评价材料往往长达几十页，多达几万字。这些材料是描述性的，还是鉴定式的？学校材料经常有100多页，为什么会是这样？实际上，自我评估也是一种技能，而我们很多高层领导并没有这种技能。学校给你的材

■ 与英国教育专家探讨学校如何自评

料就像校史，不能很快地从中获取信息。有时描述性和事实性的内容较多，而缺乏明确的操作内容及成果。不能准确地将评估内容对号入座，就不能让读者有效地获取信息。

英国学校的评估最大的特点是核心明确、表述简洁。

英国学校自评督导强调的第一点是简洁——至繁归于至简，简单就是简单实用，减少而非增加压力。"删繁就简三秋树，领异标新二月花。"第二点是鲜活，要及时了解正在发生的事情。第三点是及时。

要想总结自我评估的精髓，首先要明确为什么要进行学校自我评估——目的是自我检查、反思和改进，原则是全面、全员、全程。

英国学校的自我评估包含五个核心问题（如下表所示）：

英国学校自我评估的五个核心问题

领　域	优　势	劣　势	机　会	挑　战	策　略
学生学习活动效果					
学生学业及成就					
学生综合素质					
教师教学教育效果					
领导与管理水平					

每个人都致力于学校工作的有效性。让每个人都加入到自我评估当中，尽自己最大能力，努力参与学校的有效性建设；让家长也参与其中。基于清晰的共同价值观，掌握察觉人与环境的潜在问题的能力。

评估内容要综合考虑学校精神、道德、社会和文化发展，也要顾及法律效应。比如写出来的自评报告给家长看，不能语言含糊，而要通俗易懂，要让家长知道学校是怎样的。因此要获取家长意见——通过网络问卷调查或者纸质的问答。要让家长知道他们为教育做出的贡献使自己的孩子正在享受实惠，而未来的教育也将成为孩子们引以为荣的重要资源。

从评估表来看，前三项都是关于学生的，后两项也都致力于促进和保障学生发展。由此看得出来，核心只有一个——学生。

每个人都是独特的，都有自己的成长经历。对特殊学生的个性要呵护，对困难学生要竭力帮助，包括对残障和有特殊需求的学生以及需要奖学金的学生，教师都要提供支持。要关注学生成长的细节，如学生的行为及安全，是否按时上课，是否迟到早退；再如学生的言语安全，当学生课堂发言出错，或者犯其他小错误时，学生们会笑吗？学生的心理安全吗？等等。

学生成就方面，需要考虑从入学到现在几年来进步和成绩的证据，以及学生当下在学校学习进步和成就的证据。对有特殊需求的学生，基于他们的认知能力，其学习成绩可能不太容易超过分数高的学生，因而对他们的成就判断就要基于客观。评估学生成就的关键是,既要关注不同组别的学生是否都有进步,也要特别关注如何缩小差距。

再如第四项,针对教师教学活动情况——如果老师上得好,不能说这个老师上课上得好,而是说,这节课上得很好!学校自评或督导观课不是学科教研,而是基于鉴定式的评价。

三、全新的自评框架

1. 基本步骤

学校自评不是简单地完成上面的表格。那样仅仅是为了督导而不是为了学校自身的发展。

作为一项以事实判断和价值判断为主要内容的活动,学校自评需要以完善的评价步骤和合适的评价方法为保障。结合英国自评框架简洁明了的特点以及学者的观点,我们将学校评价的基本步骤确定为以下三点:

第一,"我们的学校有多好"。

既然督导从四个方面展开——学生成绩、教学质量(更多时间在观察课堂)、行为与安全、领导力与管理,那么,我们立足于这几点,通过科学、系统、动态的自评活动来准确判断学校的优势、劣势,以及需要改进之处。

比如,对于作为校长的我来讲,必须思考,我们的领导或管理如何?我们的判断能力有没有提高?我们是否单独判断?学校有没有真正的评价员从头到尾进行学校观察?学校有没有人具备评估的能力?我们学校发展得如何?我们重视绩效管理,效果又如何?

第二,"我们是怎么知道的"。

这一环节的把控,可以让全校所有老师参与上面四项评估。不同老师可以针对不同项目选择性地开展自评,学校管理者也要围绕四项内容开展整体自评。

这样一来，学校自评的结论不只是基于前一步骤的大量事实性证据而得出，而且得出这些事实性证据的方法也经得起推敲和检验，这就增强了学校自评的合理性与有效性。

为了让学校每一个人都能"言之有物"、有理有据，我们领导者就要加强平时自我评估的领导才能，要带领中层管理者加强日常评估活动，促进各个领导和管理层开展深层次思考，明确自己最看重也是最重要的部分：是什么让学生变得不同？一个好的中层或高层领导，需要一直处在连续不断地觉醒的状态，要跳出自己部门，眼观六路，耳听八方。一旦发现了重要情况，就尽快采取行动，尽可能地提高。

当然，不仅管理者自身要有这样一种素养，也要鼓励所有员工每一学期或

■ 我们讨论学习的情景

每一个月进行一次反思，评估自己的行为等。有些时候，这种评估方式就是一种强有力的手段，能鼓舞学校每一位成员，使成员认识到自己是学校重要的甚至不可或缺的人。

真正愿意让学校进一步发展的人，才会对学校自评感兴趣。我想说，如果仅仅是为了完成任务，这是不合适的。要知道，无论你愿不愿意参与到学校的自评中来，你的行为举止已经和学校的命运连在一起了，不可能与学校无关。

第三，"下一步我们该怎么做"。

自评不只是为了鉴定业绩而设置，它的目的更在于改进学校的教育水平。也可以说，所有的前期评价活动都是为了给制订出完善而可行的下一步行动计划做铺垫，学校自评最终应归结到"下一步我们该怎么做"上来。

因此，我们领导者或管理者，要经常带领老师们讨论：

在学校层面，今后应该怎样追求才能走向优秀进而卓越？我们的办学理念有旺盛的生命力吗？下一步如何更好地践行？学生以及家长是否有同样的认识？学校设置的课程是否较为合理、较为平衡？领导者政策和执行的一致性如何？我们的自评总结数据是否真实？有没有给出下一步的建议？我们能否保证有效课堂的增值？

在学生方面，是不是体现了《纲领》中对学生提出的"健康、阳光、乐学"的培养？资质很好的学生能否继续提高？对有特殊需求的孩子，比如资质弱的孩子，有没有特别关注？怎样避免或阻止极端的事情发生？小学六年级的毕业生都升入了哪些中学？是否有良好的反馈？他们走向社会之后都在干什么？

在教师方面中，学校对教师职业发展的重视程度如何？关注情感及精神生活吗？学校为教师发展提出的新举措是否透明？能否保证每一位教师都有发展的机会，包括升职等？学校对教师教学质量评估标准的影响有多重要？有没有一些孩子会被教学不好的老师给耽误？同时教学有没有和绩效挂钩，以督促那些"穿着闪亮的鞋子，却怎么也走不快的人"？

2. 自评的意义

我们深知，讨论以上问题并不是为了完成一个自评性的发展报告，也不是为了完成年终的一次研讨会或教代会。每一个问题都是值得深思并回到实践土壤反复深耕的。尤其是像我这样——刚当校长没几年，组建了新领导班子，需要 2～3 年才能看到改进的效果——更要重视自评，并以自评指导实践。

第一，学校自评一定程度上增强了学校的自生性。

自评让学校全员对"自"有了新的认识，即学校自评应该是全体学校成员和利益相关者参与的工作。懂得自评不是接受上级检查，不是给上级部门交报告甚至应付一项工作，而是帮助学校诊断和发展、不断改进学校工作的过程。在自我评估中最重要的能力是思考，我们应审视学校最主要的缺点，明确认识到自己的软肋和不足，从而实行分布式领导、平面式管理，部门领导各司其职。同时让每个人都致力于学校和自身的改进，参与评估，从而制定更切合实际的愿景。

第二，学校自评能够给自己留有空间并掌握合理节奏去呈现本质。

学校最关键的部分是课堂。找到了重心，在干部培养中，就有目的地加强课堂自评能力成长，提高学校校级干部、中层领导以及教师的课堂自评技能。要将课堂自评的着眼点放在是否有利于学生学习增值、身心得到发展上。

第三，学校自评有利于加强学校与其他相关者的沟通。

学校自评提供了一个让学生、家长和其他社会相关群体参与学校管理的机会。在学校自评过程中，学校能够倾听来自外部的建议和反馈，同时学校自我评价以教学评价为重心，学生也因而了解到能帮助他们取得进步的措施与方法。

一句话，学校自评是务实有力的工具，它能让我们看到学校中每一个活生生的人的存在——学生、老师、家长，他们都在学习，都在思考，都在成长！

奥古斯丁在《忏悔录》中说："人们赞美山岳的崇高，大海的波涛，海岸的逶迤，星辰的运行，却把自身置于脑后。"我们自身的存在对于幸福感来说却正是至关重要的。我们是否只在了解动物，如鸟类、鱼类和蛇类的本性，而忽视或蔑视了人的本性？人生的目的以及人们的来源和归宿，这些对我们有什么意义？它们意在说明什么？

唐太宗曾言："以铜为镜，可以正衣冠；以古为镜，可以知兴替；以人为镜，可以明得失。"唐太宗正是以此三镜防过失，提倡纳谏用贤之风，广开言路、知人善用，才能了解真实的国情民意，才有可能积聚一批贤臣将士，忠心耿耿、鞍前马后地效力于他的王朝，才能成就大唐盛世的伟业。因此，唐太宗的自我反思能力和自我批评精神为封建统治者提供了借鉴，成为古代封建君主的楷模和典范，对其后历朝的治国策略产生了深远影响。这种为君之道在今天看来，对于我们每一位学校的管理者、每一位人生的管理者而言，都是非常有益的。

在我看来，学校里的自评，亦是对人性的探索和反思，是把人作为重要思考对象的研究过程。

难道不是吗？

相关资料

英国学校原来的自评共六大项，2012年修改为四项，如上文所示。核心内容没有变化，如学生成就考核。

为确保学校自评结果得以实施，英国首先鼓励利益相关者参与，包括学生、教师、学校管理者和家长。他们从不同的角度对教与学提出发展性建议，主要体现在：

1. 每个学生都是学习者，应该参与学校自我评价，并因此对自己的学业和成就进行深入了解；

2. 优秀的教师都应该善于学习，要不断地对自己的教学实践提出问题，以改善教学质量；

3. 每个学生用各自独特的学习方式来进行学习的效果最好；

4. 教师应该知道在什么条件下学生的学习效果最好；

5. 学校管理者应该知道在什么条件下教职员工的学习效果最佳，表现最突出；

6. 家长（包括监护人）和地方行政人员对于学生学习起着重要的支持作用。

从"我们"转变为"他们"
——在英国接受的领导力与管理力培训

"我们"指领导者或管理者,"他们"指被领导者或被管理者。

亲爱的老师,在学校里,你觉得"我们"哪方面最让人不舒服?我想不必给出答案,你的脑海中一定会浮现一些情景,或许你还会用一些词语来形容。

但工作中的我们不是自然人,我们必然要在领导与被领导、管理与被管理中学会生存与发展。

一、"我们"应该是什么样子

作为领导者,我们应该是什么样子?我们具备领导力或管理者素质吗?

英国讲座专家 Angie Cook 讲座前让我们做一个小调查。四个小组各出一张小卡片,分别写出自己眼中的领导力是什么。

我们小组认为:

第一,专业热爱,技能成熟度强。

第二,学习力强,有悟性。

第三,精力充沛,经验丰富。

第四,散发着人性光辉的人格魅力。

第五，善于反思，愿意与人合作。

其实达到以上五点挺难的。Angie Cook 出示了坦南鲍姆与施密特的"领导行为连续体理论"来表达领导者或管理者的艺术（如下图所示）：

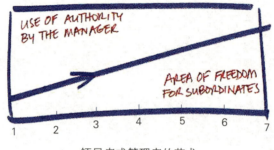

领导者或管理者的艺术

从左边角线开始，1 点是权威；向右移动到 2 点，你就会跟下面的人分享你的想法与工作；推移到 3 点，老师有能力但不太投入，需你推动；到 4 点的话，你建议大家和你一起做事情；到 5 的时候，你希望大家拿出意见；到 6 的时候，你把工作授权给别人，让别人去做；到 7 的时候，你已经完全交给别人去做了。

这个"连续体理论"很能说明一个具有专业水准的领导者应该干什么。

为什么在培训的时候，Angie Cook 总是分别说领导者和管理者具备的素质，而不是合二为一？这里要注意一个区别，就是领导者与管理者的区别。

关于领导者与管理者的区别，正如我们《纲领》中第十章表述的那样："清华附小要追求教育家办学。校长讲战略，中层讲战术，教职员工讲战斗；校长讲方向，中层讲贯彻，教职员工讲落实；校长讲领导力，中层讲管理力，教职员工讲执行力。校长要引领一所学校，不单是管理一所学校。校长的重要职责是要在办学理念、育人模式及发展目标上做文章，带领教师们从他们现在的地方，抵达他们没有去过的地方，即走向'明亮那一方'。中层要加强执行力、开拓力、创新力，承上启下，各司其职，借力发力，努力把学校的政策和上级的精神变成学生的笑脸和教职员工的掌声。"

和 Angie Cook 的理解一致，领导力侧重校级层面，管理力侧重中层层面。

事实上，学校校长即是领导者（相当于董事长），但同时还要做管理者（总经理），两者不可能分得那么清楚，只不过校长在修炼中要注意侧重点。

那么，作为领导者，我问你：迄今为止你都用过哪种领导模式？这种领导模式是否有效？是什么影响或决定了你选择的领导模式？如果你是新的校长，那么新的职责是否伴随着必要的转变？从"我们"转变为"他们"，你面临的挑战是什么？你能或者应该维护之前的友谊吗？你的正直可能会有怎样的妥协？

这就涉及下面的问题。

二、"我们"怎么转变"他们"

是啊，作为领导者，如果面临的局面必须改，那么你怎么改变"他们"？要知道，你是天下第一，也要由天下第二帮助你。你必须思考用什么样的策略把"他们"推动到下一个阶段，你可能会做出哪些改变来加速这个进程。我想这里的"你"也不是你自己，而是指"领导者或管理者团队"。

让我们用塔克曼的团队发展阶段模型来分析团队发展阶段。

■ 英国督导专家 Angie Cook 给我们就这个专题培训的情景

1. 组建期

这个阶段你也许会有以下关键词：目标不清晰、不听从、警告、隐藏情节、彼此漠不关心等。

2. 激荡期

这个阶段你可能有一定的恐慌，但这是必须经历的。过程中出现诸如明争暗斗、缺少方法、关系紧张、质疑领导力、暴露优点和缺点、幕后动机、醒悟、团队需要出现等现象。这是一个经历紧张愤怒、愤世嫉俗的阶段，颇有犯心脏病的感觉。

那么亲爱的读者，你若有这种感觉，你打算用什么策略把你的团队推动到下一个阶段？你可能制定怎样的策略推动这样的小团队？你不妨先把策略拿出来，再阅读以下内容。

一小组：不要急躁，给予充分的发展时间；期待个人的发展，帮助其制定目标；确定合理的评价标准，让每一个人都觉得你对他充满期待。

二小组：具体情况具体分析；给每一个老师一个释放的机会；把个人目标与学校愿景结合起来；规范制度以保障教师权益；允许暂时落后；进行舆论导向和针对性评价（增值评价）。

三小组：讲的是对个案处理的方式方法。如针对某一个领导干部的问题，采取执行校长的策略，让他站在校长的角度考虑问题。在执行学校愿景规划过程中，经历着角色转换，也不断看到自己的价值，明确职责、角色、协调，最终改进自己进入下一个阶段。

你觉得哪种策略与你适用？你是不是还有比这更复杂的情况？无论何时，正视每一个人的贡献是非常重要的。不是个人做错了什么，而是制度、体系的问题，不要归咎于单个的人。就如上面谈到的执行校长策略，你要正思维，可能不是他自己针对员工有意见，而是针对整个系统的关键环节可能有情绪，从而产生了激荡期。

再如,任何时候你针对的是团队,确保团队中的每个人都知道学校愿景是什么。让所有人都参与进来,就不会有人抱怨,因为每个人都行使了权利。根据贝尔宾团队角色理论,你所在的团队可能有不同的角色。

(1) 脑力劳动者。其又包含三种:一是专家,角色特点是授权性质的、自我开始的、单独思维导向的,但是想法可能是非常狭隘的。二是监督员,会考虑大家所有的意见,不善于激励鼓动其他成员。三是智多星,有很多理念,很有激情,但是不能交流与实干。

(2) 人际关系角色。其又包含三种:一是外交家,一开始很快投入工作,但很容易半途而废,虎头蛇尾,很快丢掉热情,需要一个在身后默默提供帮助的人。如果管理者不给他帮助只给任务,他就不能很好地完成任务。二是凝聚者,不能做出决定。三是协调员,很成熟,能够很好地分配工作,但给人感觉控制性强,非正式组织领导。

(3) 行动者角色。其又包含三种:一是完美主义者,小心谨慎,不能很好地授权。二是实干者,非常可靠,非常有效,但有时候灵活性不高。三是推进者,具有挑战性,但不太在意其他人的感受。

让我们看看团队中的"我们"和"他们"符合哪一个角色?团队中缺少哪种人?在招聘的时候,你是否有意招聘所缺的那种人?

现代管理大师德鲁克在选用高层管理者时,他注重的是出色的绩效和正直的品格。他能敏锐地感觉到为一个关键职务选用人才,是一项非常艰巨的任务。卓有成效的管理者也知道,还没有人能永无过失。他知道人无完人,即使是最有能力的人也有弱点。他关心的是一个人能做什么,而不是他不能做什么。他致力于充分集中人员的知识和技能,利用这些优势达成组织的目标。

的确,我们没有完美的个人,但可以努力建设出众的团队。团队中需要多种人格类型。不同的人格类型,我们要不同对待。如给了扮演外交家角色的人任务,又不给激励的话,任务就很有可能失败,因为外交家在没有激励的情况下常常半途而废。领导一定要评估和评价团队，要认识每位成员的特点。

因此，领导者要擅于用人所长，使他在团队中做出最大贡献。这就要求我们根据工作中时刻变化的形势，对人员做出客观的评价，并合理搭配班子，进行性格互补和工作按流程咬合，做好人性的制衡，知人善用，善于挖掘人才、激发潜力，做好授权和及时沟通。而对于用人之所长，我们就要有这样的明确定位和理解：设定有人能胜任的合适职位；设定有适当挑战的职位，激发潜力；先考虑他能做什么，而不是岗位需要的最低要求；取人所长，容其所短。

每个人都有各自的角色特点，作为领导，不能期待某一成员去做他能力和角色之外的事情。

3. 规范期

这个阶段你和成员就有了约定，注重业绩评价，回顾目标与目的，揭开风险问题，质疑设想和承诺。领导及时反思，妥善处理敌意，管理更加清晰、轻松。

要传递你的愿景："我们"可以给团队中的每一个人希望，了解他们想要的愿景是什么样子。让他们参与进来，这样就有了认同。"我们"要高度关注工作和近期目标。

领导力和管理力的培训其实是在教会身居管理要职的人们如何从倾听与观察开始，循序渐进地告别"救火者"身份，成功向"管理者"角色进行转换。

听了Angie Cook的讲座，我更加明确，"我们"转变"他们"，你没必要什么都抓，或者这儿抓一点，那儿抓一点。除了团队建设，还是团队建设——就像你用一枚汤勺在一盆熬好的汤中心不停地搅动，你可以想象，最近的菜叶或蛋清，中间的肉片或虾蟹，最外边的甚至是底下的汤料都跟着搅动起来！盛上一碗，该有的都有！而这"可口美味"只因那一个可以搅动的汤勺……

我们的学校已经由规范期开始走向发展期，不仅要"我们"转变"他们"，还要"我们"引领"他们"，或者"他们"引领"我们"——那个时候，一个学校的成熟期或卓越期就指日可待了！

相关资料

在这一专题培训中,专家讲了领导者如何结合理论开展工作:

1. 要懂得马斯洛需求层次理论。人最低层次的需求是生理方面的需求,第二层级是安全方面的需求,如法律、保护措施等。安全需求满足后,需要一些社交活动,需要把自己融入团队中,需要家庭或工作团队。我们一旦属于某一个团体了,有归属感了,就有被尊重的需求。当我们在成就地位,及名誉上得到满足之后,就要更高层次的需求,这就是自我实现。

当一个人失去工作三个月的时候,他就可能从尊重需求降低到安全需求、生理需求等基本需求。当人们面临退休时,需求会发生一些变化,比如有的官员,他已经到了尊重的需求层次,但是退休前的最后一天,别人问他的观点的时候,每一个人还希望知道他的意见,他还在自我实现的状态。一般情况下,员工越接近退休,动力就越来越小。员工下班后的需求是不断下降的,对于退休的人们,需求层次与整个退休的过程是有联系的。所以,与快要退休的人一起工作的时候,管理者要考虑他现在正处于哪一个层次。

2. 要了解赫兹伯格的双因素激励理论。激励作用是最有效的管理方式,激励因素是与工作密切相关的。

在小组讨论中,我们讨论了这样一个问题:上级主管评价你做得很好是什么时候?你有什么感受?我们在讨论中认为,每个人都需要好的评价,如果在组织内没有得到认可和肯定,内心就会脱离组织。员工年龄越大,越希望得到重视和认可。领导要做的就是满足他们的需求,让他们感到自己是受重视的,直到他退休的时候。最难的是激励灰心丧气的人,这时候你要做的可以是聆听,先了解他们具体的需求,从中识别哪些是可以满足他们的。作为领导,要辅导员工,让他们知道怎样提出很有价值的问题。

但,我们也觉得激励是一把双刃剑。一旦没有了,人们就失去动力了;过多的激励也会带来相应的问题。真正的管理应是从自尊需求出发,而不仅仅靠外力的刺激。

用怎样的逻辑观课
——英国观课评估的"三角理论"

上课与观课是学校老师和管理者学习生活的重要内容。两者的关系既相互成就,又相互排斥。就后者来说,一个是观课,一个是被观课。一个"被"字道出了其中的被动。那么,怎样的观课较为客观一些?为此,英国培训专家 Angie Cook 提出了观课的"三角理论"。现在,我们从以下方面展开讨论。

一、观课者与被观课者的感受

1. 观课者

对观课者而言,观课的好处为:及时发现课堂上存在的问题;根据问题帮助教师改进课堂教学;从老师身上获得可供借鉴的东西;对授课者本人来说也是一种改进和反思;给被观课者以肯定和鼓励;观课以后给学校或后续老师以新的研究方向,促进整个学校的发展;如果遇到教学特别好的老师,对于其他老师在专业上也会有借鉴。

不足为:所观摩课程的真实性会打折扣,与真实的课堂有差距;对于授课者有影响,对教学有打扰,对学生学习也有干扰;如果与授课者没有提前沟通,评价中会产生歧义;如果与授课者意见不统一,会对授课者造成压力和影响;如果评课者的专业度不够,对评课者会造成很大的困扰。

2. 被观课者

对于被观课者,观课的优点为:能够调动授课者的积极性和认同感;引导被观课者对教学行为进行深入反思;引发对于课堂以外的实质性问题的思考;使被观课者态度积极认真,充分准备,设计严谨、规范;能够寻求并积极获得听课者支持;使被观课者积极反思,提升并改进自己的教学方法。

不足为:导致被观课者情绪上的焦虑、紧张,带来很大的心理压力;影响被观课者的正常发挥,甚至可能出现发挥失常;存在过度迎合听课人心理的情况,导致束缚创新,影响灵感。

专家认为,学校应该推出或拿出关于观课的优势和劣势的政策说明,使优点和缺点体现在政策当中,并且在督导中充分考虑这些因素。在一个学校里,被观课的角色没有年龄和角色之分,任何人都需要被观课。老师通常有两种角色,观课者和被观课者,而学生也应该有机会作为观课者。倡导老师从事观课和被观课,也倡导学生参与,使学生也知道标准,也知道学习的进度怎么样。

特别需要注意的是,我们倾向于我们所看到的,并且要避免偏见,尤其是个人特质方面,我们必须避免陷入先入为主的窠臼,观课必须保持客观,基于一致的框

■ 英国课堂上的老师和孩子们

架。观课时不应过于关注教学方法，而是要看学生学得怎么样。即使老师低头站着也没关系，关键是学生要学到东西，所以教学方法应该是灵活而开放的。

观课必须是一个专业的、有建设性的过程，并且在员工当中执行。必须有一个集中在具体问题上的目标，有条不紊地看、听、读，基于应用的框架，记录每一项评估的学习和进步，了解课堂上实际发生了什么，并且具备策略有效性，呈现的效果要用于将来在实践上的发展改进。

二、观课中的"三角理论"

讲"三角理论"前，专家引导我们首先讨论：什么是好的教学？

第一组——我所在的小组，提出了清华附小课堂的四个增值点：一是动力值，即是否想学；二是方法值，即是否会学；三是容量值，即是否达到知识积累、技能提高的目的；四是意义值，即是否促进个人发展，促进个人增值（学科知识和心灵人文相关照，得到应有的发展）。

第二组提出有效教学的课堂标准：一是学生要有兴趣，有进步，有思维的参与；二是教学涉及学科内容的本质，不能只停留在表面；三是对学情的了解，了解学生现实存在的学习困难，让学生经历从不会到会的过程，有所收获；四是课堂上让学生产生问题，引发深入思考。

■ 英国学校一年级教室一角

第三组提出的标准：一是学生有兴趣，喜欢，有收获；二是学生在原有水平上获得发展，能获取知识、方法、能力；三是师生双边互动实现教学目标；四是学生在互动学习过程中发现不足，积极改进；五是满足不同学生的学习需求。

不管从哪个角度评价，学生的学习是否有收获是我们观课的重要指标与共识。专家拿出英国观课的"三角理论"，这三者相互联系，不是孤立地存在的（如右图所示）。

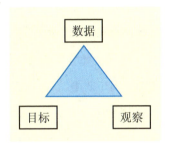

英国观课的"三角理论"

1. 观察什么

首先，进入课堂观课时要保持安静。专家讲自己在纽约做督学培训时，发出的声音很大，每次进入教室，所有人都要回头看他——这样的行为影响了学生的学习。因此，督学观课时要避免这种行为。其次，观课时一要看学生的学习，二要看老师的教学方法、策略。再次，跟学生交谈，看看他们在做什么。如果给一堂课一个评价，至少要在一堂课上待25分钟，看看课的开始、结束和中间的部分。

下面重点讲我们观摩的几节五年级的课。班级里大多是9岁或10岁的孩子。这节课是将不同能力的学生综合在一起的一堂英语课，内容是关于标点符号的使用，呈现的是20分钟的内容。这节课是写作课，简单流程可以描述如下：

回顾各个符号用在什么情况下；根据不同的人物表情进行不同的描述，表达生气、高兴等情绪；老师先是给一些提示，如皱眉、跑、叫等，然后通过图片呈现；安排分组作业，对其中一个组的学生要求只要写出副词就可以了，对另一个组要求写出具体对应的副词，体现了对不同学生有不同要求；从能力较差的学生找出的词汇当中分析其特征，让每个学生都展示其作业。这是词汇累计阶段。

第二个阶段是对话阶段。首先设定情境，让学生发挥想象力，引出符号的用法等，让学生判断哪里用逗号、句号、感叹号，各个符号用在什么地方，其作用是什么等，并给学生留下表达不同意见的机会，让有不同意见的学生发言；然后老师带领学生读句子，学生注意读的方式等，并整理对话，让学生有感情地读出来；最后出示图片，让学生猜测、表达图片的内容。这是句子的训练。

第三个环节是段落的训练。把对话的词、句子扩展到段落，让学生发挥想象力，编出故事。

如果说以上是对学生课堂学习的观察，那么，学生在这节课上是否学到了东西，这才是观察的目的。

观察后，有一个环节特别重要，那就是反馈。有学者做过一些研究，发现并不是学校与学校的不同造成了学习的不同，而是班级与班级的不同造成了学生学习的不同，是作为个体的老师的素质造成了学生学习水平的差异。

所以，最主要的不是把老师从班级里拉出来去接受校外的培训，而是在教学过程中让他们深入思考，给他们观课和被观课的机会，让他们从这个过程中自我反思、学习。我们的角色就是帮助这些同事进行个人发展。

在给老师反馈的时候，不论是指导者还是辅导者，都要认真倾听，需要以"如果"、"怎样"、"什么"等词语开头，不要以"为什么"开头。比如，接下来怎么做才能够使有特殊需求的孩子赶上其他同学等等。而且，在这个过程中要跟老师建立良好的关系。

2. 利用数据掌握情况

由于不清楚这节课的背景和学生的情况，督学只是看到一个教学现场。督学还需要证据搜集表，列出一个个案例和证据，拿出评估表，只针对证据搜集表上的信息进行评估。如果督学做出的评估受到指控的话，要把搜集到的证据再进行检验和评估。

督学既要跟高级教师建立关系，提供证据和信息，也要和课堂老师建立关系，从中搜集证据。

■ 我们小组与大家分享讨论后的心得

观课时需要一直记着你所关注的是什么，所以专家建议观课之前与校长和任课教师交流，谈论上课的重点是什么，班级有什么情况，生源背景等。讨论时老师也会告诉你他这节课的内容是什么。另外，观课人也要告诉被观课人给予反馈的时间和地点，从而增强被观课人的安全感，使被观课老师放松自己的情绪。

不管是观课者还是被观课者，都要清楚教学的要求和标准。在英国，观课、评课后的评估数据与教师工资是紧密相连的。但不能只凭一两节课就对老师下结论，而要观察了解一段时间内老师的情况和表现。作为观课者，也要消除对老师的紧张感，进行很多次的观课。有时候，督学和高级教师联合观课，连高级教师都会觉得这个过程有点恐怖。需要明确的是，我们是对学校教学质量进行评估，而不是对教师素质进行评估，所以尤其不希望督学的反馈会对这个老师造成打击。

在观课记录方面，对一堂课好的和不好的方面的记录要保持平衡。老师在

| 我的教育视界

■ 剑桥大学教授给我们讲英国督导教育发展史

上课之初如果没有和学生分享学习目标，进而影响到学生学习，那就形成观课者不好的记录。如果督学记录老师在课堂上做的一些事情，督学首先要问有什么影响。整个记录后面要跟着证据，阐述具体的例子。要观察一段时间内的学习，而且要全面观察学习的各个方面。

督学需要把一些因素综合起来进行考虑，包括对学习和教学的支持，其中有七个因素：关于学习者的数据、持续进行的评价、可以产生进步的改变、学习氛围、课堂观察到的学生学习、一段时间内完成的学习、与学习者讨论。课堂要有区别地看不同类型的学生是如何学习的，也要看老师在课堂上提出的问题是否对学习好的学生有挑战性，是否关注到知识背后的本质，针对学生的学习提问了哪些问题，选择什么时机与学生讨论学习内容，等等。观课时，既要和学生讨论，也要看教学策略和方法。大部分对老师教学质量的评价是和学生成就联系在一起的，但是也要依具体情况而定。

3. 课堂目标

英国课堂特别强调观课三个目标：先关注优秀学生，再关注大多数学生，然后关注个别学生。坐地铁时，我们总会说，小心缝隙——在观课的时候，也要小心缝隙，既关注优秀学生，也要关注困难生，当然还不能忽略中间的学生。

我们观察了一节历史课,主题是"美国如何征服西部"。学生根据阅读内容的不同,被分成4个主题小组,展开自然环境、土著人的自述、制服野牛、印第安人如何改造生活等研读,每个小组分工明确,每次讨论的时间都是6分钟,然后整体换组。最后拿出期末考试方案,要求在16分钟内完成4个方案,然后把写出的内容交给同伴,并互相给予反馈。由于学生都是白人,个体之间没有显著差异,所以教学过程目标明确,获得的信息量比较大。老师课前就交代了目标,说明了不同任务。整体的教学环境安全,学生的行为表现比较好。

结合上面的"三角理论",我们又围绕一节戏剧课重点展开讨论。

老师设计了一个课题,让学生表演一个小的电视节目。首先问学生要从哪几个方面塑造角色,学生说了几个要点,这节课就是一直按照这几个要点展开的。老师又问学生还需要什么,学生说了一些注意事项。然后用一些要素让学

■ 学生们上戏剧课

生预热，例如问好、接触等，将其渗透在游戏中。在游戏中，学生的情绪调动起来了，需要做什么行为、表情也都明确了。之后给学生介绍目标，说要进入角色，并问塑造生活当中的形象还需要什么。学生说完要点之后，老师又把要点强化了一下。在这个过程当中，老师始终在鼓励学生。最后老师画图问学生，塑造形象还需要什么，学生回答肢体语言、合作，等等。所有这些因素都是从学生那里问出来的。

老师一方面表扬学生，一方面引导学生深入认识问题。老师还让其他学生给表演的学生提建议，用这种互相点评、互相提醒的方式又一次强化了要求。然后让学生讨论故事情节、角色安排、注意事项等问题，讨论过程中先提问，学生答完后再总结，把要求说清楚，把任务布置下去，最后是展示。展示后做一个反思：这节课的要点是什么？你们做到了吗？是怎么做的？把前面的关键点又温习了一遍。在表演时最关键的三件事是什么？这些问题都让学生自己回答。通过这样的回答就会明确地知道，学生完全明白了。然后又问学生这节课做的最重要的事情是什么，最满意的地方是什么，调动起学生的积极性。最后，让学生互相握手，互相鼓励，互相夸赞做得不错，等等。

为什么在英国督学的眼中，以及在我们的学员眼中，这是一堂优秀的课？证据在哪里？

——即时性评价，激励性评价；

——让学生自己去思考，发挥学生主动性；

——参与广，每个孩子都有角色；

——关注每一个孩子，没有边缘化现象；

——为分组学习提供了有效指导，指导方法巧妙；

——教学目标清楚，在总体目标下，不断跟进，目标意识强；

——不全是老师说，而让学生说，鼓励学生，强化准确的认识；

——教学方法巧妙；

——检测及时，由知识层面到技能，再到思维，最后到自我认可；

——关注学生的个性差异，每一个人都是不一样的，每一个人都需要被关注，特别要注意的是关注的方法，可以用一个问题把一个孩子带起来，孩子答出来了，自然就参与进来了；

——老师尊重孩子，态度不生硬；

——对学生的要求是逐步提高的，不断提要求，带动学生的动作能力越来越复杂；

——在特殊教育的班级里，每个孩子的问题都是不一样的，老师很难兼顾每个孩子。而这个老师的观察很到位，虽然这些特殊的孩子一般很被动，认为自己做不到，也不想做，不愿意被强迫等，但这个老师在引导学生参与方面做得非常好。

总之，通过英国观课的"三角理论"，我更加明确了观课的三种目的："观察发展"、"为发展而观察"和"作为发展的观察"。我们一定要知道观课的目的是什么。如果要知道学生成就，就要把握"观察发展"的内容，包括：评估、监督标准，赞扬成就，对实践进行评估。如果要看教师的专业发展，就要"为发展而观察"，包括：发展技能并且解释优秀的实践标准，解决问题并且支持或辨认培训需要，通过实践改善情况。如果想知道学校在哪些地方做得比较好，就要在"作为发展的观察"之下进行观课，包括：产生想法，创造新的学习和实践，在实践中互相学习以产生新的想法以及激发未来的实践，促进精神、道德、社会以及文化发展等。

相关资料

1. 英国专家 Angie Cook 在讲座中,举了几个教学的例子:

之一:Angie Cook 前往某一学校督导,当她走进课堂询问的时候,孩子们说这节课已经上过,再上一遍就是为了迎接督导——炒熟饭。

之二:Angie Cook 有一次很早来到一所学校,她发现门外有些孩子没有穿校服,而且上课铃响了,问:你们怎么还不回学校?没想到,有一个男孩回答,因为学校来督学,因此让有些同学放假了。

之三:Angie Cook 讲,有一次她在听数学课,这位老师特别紧张,于是她离开了。她建议学校想办法让老师更有自信心。让优点和缺点都在评估中得到体现,懂得"教室的大门永远应该是敞开的,是公共的行为"。但是,无论怎样,不能打击老师,毕竟老师要一节一节地上下去。

之四:Angie Cook 讲了一个例子:她有一个朋友是穆斯林,管理一所学校。看到男孩都受到良好的教育,而女孩被禁止学习科学课,但必须坐在后面。由于家长的意识在进步,这些女孩子慢慢坐到前面来听了。这所学校允许女孩戴面纱,但不是都把面部蒙起来。有一个女孩子想要从头到脚套上穆斯林装束,校长要做很多事,阻止一些事情发生,保障女孩不走进极端。学校希望有言论自由,但不是回归原始。同时,校长要保障这些穆斯林孩子都来上学。

2. 该讲座中,一同前往的郭老师举了一个例子:一年级的数学课是认识"11—20"。如果仅仅停留在认识这些数上,对于现在的小学生来讲,困难吗?不困难,这样,整节课就都是练习,都是读写。但是,当画出 14 根小棒代表"14",让学生圈出"14"中的"1"时,学生都会圈画出第一根。这样看来,学生没有根本理解"14"中的"1"代表什么。在她整个的讲解中,我听得津津有味。

怎样积蓄你的情感账户

自古中国讲"情理","情"字当前,"理"字在后。没想到这次到英国培训,培训师首要讲的也是一个"情"字。

我的师范同学来清华附小学习,一个月后,她总结:"你为人真诚,懂情感管理。"用她的话说,这情感管理体现在对教师好,给教师力所能及的福利——这都是给予教师职业的尊重。

我觉得,在情感管理中,管理者首先应是一个有情感的人。在职场中,下属需要的不是"人情"管理,而是真情、温情,甚至是高于情感、情操的引领。道理好讲,但学校不是过年,而是过日子,酸甜苦辣、汗水与泪水相伴。那么,你的情感账户怎样积蓄呢?

一、冲突的时候

学校生活如同家里过日子,没有舌头不碰牙的。一般情况下,学校中的冲突会有以下几种情况:学校倡导的理念与个别老师的思想相左;校长和副校长或中层观点相左;管理者与被管理者在工作中因矛盾产生隔阂;班主任管理疏漏或与学生家长看法不一致……

冲突有时候是显性的，有时候是隐性的。可怕的是后者，你看不见，矛盾越积越大，造成的伤害也就越大。不管什么样的冲突，都要尽量避免。这就好比战争，互相攻击的结果只能是两败俱伤。比如冲突不断的叙利亚，从伤痕累累的城市到血腥暴力的轰炸，走到哪里都没有胜利者，而最大的受伤者就是这个国家的民众。

远离战争的冲突，把目光投向人际间的冲突，我们会发现，人的成长是在冲突中磨砺出来的。

刚刚当校长的时候，心气特高，急切地想把一切问题都解决掉。2011年学校进行了整整三个月的抗震加固改造，而在9月1日学校必须开学！迫在眉睫的事情是，你必须把教室准备出来，清理异味、摆桌椅、擦窗户、打扫地面……这些都需要教师们来学校和工人一起劳动。然而，就是在这个节骨眼上，有个别教师开始跟你唱反调。她们认为，这是工人干的活，不应该自己干，自己是教师，负责教书育人，不是来干活的。因此，有几位请假不来，其中有一个老师好几天都不来，甚至连本属于她自己管辖范围内的活也不干。当部门主管打电话给她时，该教师振振有词地说："你这是违反劳动法，《教师法》中没有规定教师周末上班，甚至打扫卫生！"

面对这样的情况怎么办？扣除奖金？在相关部门内批评？要求作出检讨？说心里话，这些措施显得很苍白、无力……

这里提到的这位教师，在学校几次年度考核中都名列倒数。可以看出该教师的表现不仅仅是针对此次大扫除，而是一贯的作风。2012年正值该教师三年的合同考核到期。领导班子一致决定：解聘！这可是一个令人头疼的大问题。该教师年龄大，在学校工作也已十年之久。解聘已经提出，我们经历了三个月反反复复的矛盾聚焦，该教师写标语向我示威，还把我告到法院、大学校长及相关部门那里……

但是，决定的事情不能后悔！校方挺着压力和威胁，坚持不再续聘。但我还是念着该教师这几年在附小的"情分"，尽力帮助她找到适应她的其他单位……又是几度周折,我终于帮助她找到一个接收部门。在去那个单位报到的前一天,该教师来到我的办公室,给我深深鞠了一躬;我还在中秋节收到了该教师的感恩月饼,节日也能收到问候短信。

也许这个案例真的起到了震慑作用。有的教师后来还真有了转变,那种想来就来,不想来就不来的问题没有了。教师变得"乖巧"和"听话"起来。遗忘,遗忘过去!赞美,赞美现在!2012这一年,另一位原本有着类似问题的教师没有一天请假,见到我,也一定微笑。我们互相摆摆手……

我体会到,在团队建设的初级阶段,在"激荡期",又恰逢当今各种思潮此起彼伏,社会观念多种多样,采取什么样的方式才能让学校文化内化为全校上下的认同感?通过什么样的途径才可以让领导者与群众同频共振?可以说,凝聚共识的任务异常艰巨。正如《人民日报》评论文章所写,我们当今应坚决摒弃自以为是的生硬说教。那些不利于打通心结、凝聚共识的僵化观念,那些信仰缺失、价值迷失、信任流失的错误行为,都应该坚决摒弃。

■ 开学典礼上,一个班的国旗方队进行升国旗仪式

深刻地分析后我发现,当今学校发展过程中,急需解决的问题,实质是由深层的原因造成的,而我自己也会有一些情绪方面的问题。清华附小的《纲领》中强调,作为管理者,不仅要学会管理别人,也要学会被别人管理,这里就涉及一个承受负面情感的问题——调控情绪。遇到"不同声音"、"反对意见",或遇到意想不到的事件时,要有勇气,敢于面对,镇定沉着地想出对策,甚至决策,从而修炼自己化压力为动力的能力。要懂得个人修养的提升,是一种缓慢而不断受挫的过程,懂得使自己成熟的不是权力,而是承受压力后转化成的能

力。当然，情感管理不是一味讨好、忍气吞声，大是大非面前要坚持立场，哪怕生气，也要坚持原则，同时从感情上尽力帮助教师。慢慢地，你与教师之间积累的情感会愈发醇厚牢固。

由此，我想到了曾被流言蜚语包围的马云。在备受争议的日子里，一向心高气傲、雄辩无敌的他选择了隐忍。在与近百名记者的见面会上，要面对来自各方的非议、嘲笑和讽刺，他上台前在手上连写了五个"忍"字。的确，他没有发脾气，只是语带讥诮。这位在新的商业文明体系中不断刷新纪录的"外星人"，凭着他的自信和对可能的困难的不屑一顾，再次赢得了人们的尊重。真是"自信人生二百年，会当击水三千里"！面对冲突，沉默是金！柔可克刚！

二、命令的时候

由于员工各自的风格不一样，有的人喜欢新想法，有的人害怕新想法；有人天生性格好，能够理解和包容别人，有人脾气暴躁，不能接纳别人的意见。

作为校长，你要尝试走进老师的内心，而不能成为一个高高在上的人，因为这很可能会伤到其他人的自尊心。让我们走进以下情形中：

一是你给老师布置了一项工作，他的回答是"我不做"，你怎么办？

若你的要求坚决，说："我需要你做这项工作！"老师回答说："你是在命令我做事情吗？"如果你认为自己的想法肯定是对的，或又说："你需要我命令你来做事情吗？"这样的回答方式反馈到了对方，可能老师又会回答："难道非要你的命令我才能做事情吗？"瞧，这样以反问的方式，就把对方放在有道德高度的地方，双方就僵持住了。

以上情况发生，在正确的事面前，作为领导，面对不服从的员工，你若回避，那这项指令的受益者——学生一定会受到影响，学校的发展也会在对抗中遭遇阻碍。若选择面对，就不能如上面"针锋相对"。如果你想让对方接受并落实自己的"命令"，第一，不要觉得自己被攻击或被反对就采取反击，不然相互的攻击就会无休无止；第二，由开始的控制，回到合作。调整你的语言沟通方式，确保沟通发生在正确的地方。用你的职权去支持正确的指令，不要把针对性指向自己。要用开放的态度去倾听，让老师把意见充分表达出来。

二是如果你有一名员工，他听从你的命令，但有不同看法，而且也不能很好地接受你提供的方法和策略，你要怎么做呢？

概要来讲，理解对方，倾听对方的小故事，信守承诺，明确期望，展示个人诚信，退出的时候要诚挚地表示歉意。

具体来说，作为领导，当下属提出意见时要去聆听，给下属以支持，进行情感沟通，而不要认为对方的抗拒是攻击自己。有时他可能是在攻击一个制度，而不是针对个人。作为一个领导，可以使用自己的时间和空间，抛开个人尊严和权威，回避情感决断，以理性的、开放的、包容的态度去面对，不要过快地评论或评断某些事情，让对方充分地把意见表达出来。

当你遇到的是不回应，该怎么办？你的战术可以是让步、回避、控制、合作、和解。对于不服从的员工，回应的策略是，既要表达关心，又要关注结果。

就我个人做校长的体会，适当示弱、求得帮助也是为情感银行加分的途径之一。很多时候，我真诚地告诉老师，我不懂，我不容易，需要心疼，需要他们和我一起分担……

尤其是学术方面，我反复强调，要懂得学校不仅仅聘用教师的一双手，而是教师的整个人、整个心。学术观点可坚持己见，在认知差异面前求同存异。"你对，有可能我也对"，避免唯我独尊，在处理问题的方式上避免两极思维。不要总固执于一种思路，有时候按我们的想法办，事情会成功，按别人的思路办，也有成功的可能。

比如听课时，如果不提出批判性反馈，就会影响孩子的发展。作为一个领导，应该给出一个反馈；作为一个老师，应该说出喜欢这些方面或者那些方面。管理者跟老师谈话时的霸权主义，会影响交流的气氛，谈话时校长身体应略向前倾。如果在第一次对话中，教师没能跟你达成统一，那你就再制定一个小的

■ 学生捧着"乐学手册"快乐地学习

工作流程，进行第二次交谈。前后交谈的间隔时间大概是六天。通过这样的方式，可以跟老师更加亲近。

我们深知，每一个人都不喜欢被命令。所以，我们要努力营造一种氛围，让命令的人与被命令的人能进行友好、有效的交流。这时校长心中必须有一个"情感银行"，只要"情感银行"保有积分，这种交流就可以顺利地进行下去，我们担心的事情也不会发生。但是这个"情感银行"是一点一滴建立的，就好像我们与子女、爱人的关系，要一点一滴去培养。我们既要保持正直感，也要建立"情感银行"，基于此，才会有情感的思维导图。比如给生孩子的老师送去鲜花，通过交谈了解老师的需求；把退休的老教师请到学校共度教师节；给成长有进步的年轻教师及时送去鼓励；给家里有困难的教师及时送去温暖与帮助……

每年年底，学校除了量化评价教师、管理者的年度考核外，我们还采取描述性评价——让教师讲述自己身边的故事。老师相互写写一年来给自己留下重大影响或美好印象的好故事。写故事，也是给自己留下了做过工作的证据，而且也再一次让老师们明确他们要做的工作。记住"重要的好故事"，忘掉或改掉"阻碍的坏故事"。

《纲领》中强调要把赞美当作重要的评价手段之一。赞美的时候尽量描述事情的过程带给人的启发，而不要把结论落脚在对某个人的评价上。也就是要赞美具体的事情，而不只是赞美做事的人。2011年，我们学校提出的年度口号是"微笑、感谢与赞美"，要求我们全校师生，把微笑挂在嘴上，把感谢挂在嘴边，让每一位师生员工看到他人的长处，传递并学习这种美好。

在这种舆论氛围的影响下，化命令为赞美，学校的氛围发生了很大变化，矛盾和怨气自然而然就消解了。

三、恐吓的时候

作为领导，当面对一个非常愤怒的员工时，如何让她冷静下来，再进行沟通呢？有可能你已经在颤抖了，那么该如何处理呢？

【案例一】2012年9月，刚刚开学。这是学校最忙碌的时候，学生放假回来需要重新建立秩序，尤其是一年级，建立新秩序——从零起点甚至是负起点开始——这的确让一年级的老师很是辛苦。

一天早上，我打算到门口迎接学生，走过一年级办公室，想看看一年级有什么需要我帮助的。没想到，我听到刺耳的声音从办公室里传出来，原来是年段主管在老师面前发牢骚、发脾气！当时我只有一个念头：太不像话了！眼前有一堵墙挡在我面前，我犹豫了一下是要躲避还是走进去，但这个问题只在我脑海中闪现了一下，我瞬间就决定走进去教训一番。

事后，我们又单独坐在一起，我还在生气。段长反而态度缓和了一些。好在我们都有一份责任在身，有牢骚很正常，但工作不能懈怠。现在想想，如果当时我走进去说："对不起，一年级的工作太艰苦，这超出了你的工作能力和承受能力。给了你这么大压力，真是抱歉！我们应该帮你分担……"情况会如何？可想而知！到现在，我还在为自己的"恐吓"深感自责！

【案例二】某天上午第四节课，走廊里传来学生哭闹和老师责备的声音。之后这位老师推搡着这名学生来到校长室门口,对学生吼道:"你敢不敢骂校长?!校长也不好!"老师走后,我把学生带到学生中心了解情况,安慰并指导该同学回到班级上课……几十分钟后,这位老师又把学生推到教师中心,吼道:"我管不了了!有我没他,你们看着办!"

我一直没有直面这位老师。我相信,下属有时候发脾气,我们领导者要给他们充分的时间,让他们发泄出来。发脾气时身体中有一种荷尔蒙,在被分解前,是很难控制的。要等他们冷静下来,再协商。

按照同理心的倾听策略,这位老师很不容易。作为领导,你要懂得换位思考,将心比心——她为这个孩子付出太多了,孩子刚从美国回来,完全不适应国内的生活习惯和学习方式。老师又急切地希望他能够适应国内学情,进行规范学习。这就告诉我们,要学会把自己放到别人的情境当中,学会换位思考。

待她平静之后,教师中心的老师们举行了几次座谈,不是责备而是探讨共同的话题,比如对该学生的教育。

该教师慢慢接受了面对不同学生所应有的理性态度……

顺便说一句,面对一个愤怒的员工,有可能你也在颤抖,这时候,可以坐低一些的椅子,灯光不要太亮,允许她有足够的时间来发泄。

在倾听中,你要感谢他们的批评,你必须把自己的意见放在一边,你要显示丰富的真实的好奇心,有时采取"我不知道"的姿态;学着重复和询问;保持沉默、忍让,并询问还有哪些。

有些时候,你也可以适当地示弱、装傻、装无辜、装不知道"内情",让员工尽情发泄。事后,要与员工再度交流来了解他们当时的感受,若发现教师还在"发怒"或"耿耿于怀",你还要继续保持沉默。当然,若"无理取闹"或"坚决不改",领导的态度还应该是义正辞婉、理直气和。交流时不要用"但是",要用"而且"。

【案例三】某一天晚上,班主任培训会结束时天已经不早了。这时有老师上楼告知,某班主任在丁香书苑大哭大闹,说学校要把自己逼死之类的话。原来该教师在给学生写作文评语时,语言没有表达出正确的教育观,导致学生家长找到学校。教师中心的老师找其交流,纠正该教师的教育观点。这晚班主任培训的老师在讲案例的时候,谈到教师要"更新教育观念",并没有提到该教师的名字。该教师过于敏感,对号入座,把每一句话都当成了对自己的批评,以至于实在控制不住,发泄了出来。

该教师还找来了丈夫,甚至要找学校……其实该教师选错了发怒的时间和地点。我们《纲领》中强调,允许提意见,坚决反对发牢骚。学校允许发牢骚,但需要选对地方,而不是失去理智、不分场合。不过,学校一直也没有再来找该教师谈话——据说该教师事后也意识到了自己的失态。

这告诉我们,我们要倾听员工的意见,把自己放在员工的位置上,不要有批判性质,去掉给某些员工事先贴上的标签,如懒惰、刻薄、虚伪等。

2012年,清华附小的年度语是"心怀感恩、常知愧疚、卓越攀行"。真的发

■我和老师们在国旗下郑重宣誓:我是清华人,努力用敬业、博爱、儒雅成就每一个学生,把每一个学生的成长当做我们的最高荣誉!

生"恐吓",不管是谁,个人诚信也很重要,每一个人都要开诚布公,都要真诚地说"对不起",互相理解改进。一句话,当我们要从"情感账户"中"提钱"的时候,做批判性反馈的时候,要心怀歉意,不要伤害了彼此的感情。

　　以上三个案例告诉我们,领导者不能控制,不能命令,而要促进自己的学习。如果我们要促进学生的学习,那么首先必须促进团队的学习。正如《纲领》中提到的,有了风险我们及时去化解,出了问题我们立刻去改进。当过于情绪化时,努力控制与矛盾的正面接触,延迟决策,快速地听,缓慢地说,即使恼火也要慢,尽量"忍过一个晚上"。

　　目前,我和我的管理团队正努力锻造秉承"清华责任"及卓越追求的附小教师团队,通过情感的凝聚,让教师能够享受到因为自己提供了有成效的教育而获得的有品质的生活、有尊严的待遇,以及受人尊敬的职业认同。有品质的生活,一定包含体面的生活,有尊严的待遇。措施包括:提供多元的学习机会;提高工资待遇;助其实现人生规划;提供生活保障及解决后顾之忧;给予精神鼓励与安慰;等等。

　　总之,努力将清华附小塑造成师生共同生活的花园、幸福成长的乐园、精神皈依的家园,进而建成一所有角落、有故事、有品位的,令人难忘的、温润的美丽小学,一所值得信任的著名小学,一所受人尊敬的卓越小学。

　　在清华附小,能实现"三个彼此":

　　——彼此相遇。清华园、学生、家长、学校、教师……诸多角色、诸多元素、诸多能量、诸多梦想聚合融汇。

　　——彼此成全。信任是路,尊重是门,个性是天赋的光和热。我和你,你和我,我们心连心,手拉手,一起走过相依相伴的时光。

　　——彼此抵达。从此出发,学生享受着在学校生活的每一天,并获得"赢得美好未来"的基础和条件,教师获得成长,学校赢得声誉。

牛津、剑桥与莎士比亚

每一个民族的教育都和文化密不可分。一方面,教育是文化的表现形式;另一方面,文化的流变制约着教育的发展历程。

不列颠作为孤悬于欧洲大陆西北端的岛屿,历史上,伊比利亚人、克尔特人、罗马人、日耳曼人、丹麦人、诺曼人等曾先后登陆,在刀光剑影更迭中,这个汪洋中的岛国不断经受着外来征服者的劫掠,其文化也经历了不断的冲突与融合。

基督教文化、贵族文化、人文主义,先后融进不列颠民族的血液。不列颠的文明是外来的,外来的文明来了又去,去了又来,与一个岛国的文明相融合,积淀了不列颠文化。

■ 在牛津大学图书馆一角

| 我的教育视界 |

一、世纪的牛津、剑桥

1. 跑马牛津、剑桥

我们一行傍晚才到牛津，参观的时间只有两个小时。浸透在几分清新的寒意里，古老的街道上，凹凸不平的石板地，古老的石墙，厚重的木门——我们快走在这古老的蕴藉着深厚历史文化底蕴的大学城——牛津。

没有人们通常所看到的高门大院，没有明显的学院标志。路不宽，只是静静地向四处蜿蜒着。路两边那些陈旧的甚至有些斑驳的古老建筑形色各异，哥

■ 夜晚的牛津街道

特式、欧罗巴式……我们擦肩而过了一座座大名鼎鼎的学院。

匆匆在图书馆等几处留影,悄悄地在地上捡了两块小石子,心想,也许这就是哲人、伟人踩过的,留点儿痕迹给自己。我们又赶忙跑到基督学院参观,那里曾拍摄过《哈利·波特》,不料却被绅士风度的门卫拦在外面。我们只有不停地站在门外张望,想在眼里和心里都留下些什么……

而整个下午,我们都在剑桥。同样古老的街道,凹凸不平的石板地,古老的石墙,厚重的木门。只不过比牛津少了一些年头。剑桥有32个学院,有些学院非常庞大,有些学院很新,那是成功的商人捐建的。

一阵秋风吹了过来,几片黄叶在"康桥"的水中荡漾。来到达尔文曾经就读的基督学院漫游,虔诚地走进小教堂,在他的宿舍窗前留影,摘一片窗下的

■ 在剑桥大学的康桥上想起徐志摩的《再别康桥》

树叶。三一学院是著名的诞生牛顿"苹果落地"故事的地方。在苹果树前留影，走进院里驻足，随手捡了一块石头放在包里藏好，就好像拾起创造的灵气。

2. 关于牛津和剑桥

牛津和剑桥都是顶级的大学，但是各有侧重。通常来说牛津出政治家多。牛津培养了26个英国首相和很多其他国家的领导人，还有47位诺贝尔奖获得者。剑桥出过88位诺贝尔奖获得者（其中有61个是剑桥的本科生），15个英国首相和很多其他国家的领导人。相较而言，牛津更深沉，剑桥更玲珑；牛津更城市化，剑桥更像大乡镇；牛津似乎更愿意炫耀历史，剑桥则较多地着眼于未来。

这本是同根生的一对亲兄弟，也许正印证了中国那句"一山不容二虎"的老话。两所大学在清楚地意识到对方强大实力的同时，彼此仍要不时显示一下自我的优越或对对方的不屑。时至今日，在社会民主化和教育现代化的大背景下，在两校交流与合作越来越密切的大趋势下，"对立情结"仍隐藏在许多人的潜意识里。听教授介绍，两院或两地人在言谈中都有意回避"牛津"或"剑桥"的名字，而互称"另一个地方"。又如，牛津的子弟去剑桥上学，或剑桥的本科毕业生去牛津读研究生，往往仍会遭到家人和朋友的反对。

"上主是我的亮光！"走在牛津和剑桥的校园中，恍若置身于修道院。两所学校都有基督学院，都

■ 剑桥大学牛顿就读的三一学院

有宗教信仰。因此他们较劲的是各自要努力，而不是相互伤害或残杀。在近千年的城市发展史上，这两座城市从未经受过大的革命和战争，幸运地保存下各世纪的建筑代表作，使它们成了不可多得的、活的欧洲建筑艺术博物馆。

在建立民主政治的进程中，牛津和剑桥吸收各方面养料，其中经验主义、科学主义、自由主义和保守主义成为两所大学重要的文化基奠。

从牛津、剑桥到新大学运动，从九三公学的产生到"公学革命"，从零星的基督修道学院到遍布英伦三岛的各级学院网，从教育的放任自流到政府的干预，直至全国统考，英国教育发展的每一步都与牛津、剑桥文化密不可分。而牛津与剑桥带给世界文化和科技的影响更是不可估量的！

二、人类的莎士比亚

1. 斯特拉特福小镇

斯特拉特福是一个位于英国中部的小镇，却蜚声世界，因为它是英国文学巨匠莎士比亚的故乡。

莎士比亚故居是一座带阁楼的二层小楼，静静地伫立在亨利街的北侧。木质结构的房屋框架、斜坡瓦顶、泥土原色的外墙呈现在眼前。1564年4月，

■莎士比亚故居墙上的莎剧故事集锦

■ 莎士比亚故居的后院

莎士比亚诞生在这里，并在这里度过了他的童年和晚年。

　　走进故居，穿过一道走廊，两旁都是世界著名艺术家参演莎士比亚戏剧的剧照。看过一段全英文的关于莎士比亚戏剧的介绍，欣赏着墙壁上的一个个剧中情节，仿佛跟着镜头和画面穿越了时空。

　　穿过小径，来到莎士比亚故居的后院。一切都显得那么自然安详，却处处都有怀旧的味道。几棵并不高大的树分散在房屋周围，叶子已经变黄，我情不自禁地摘下一片放进收藏夹。分块种植的小菜园已经收割完毕，只有野花、野菜自由生长着。我们坐在古旧的长椅上留影、憩息，这很容易让我想象自己读莎士比亚戏剧时的情景，也很容易让我想象，是这庭院的哪个角落，让莎士比亚获得了灵感。

　　真正的参观开始了，从厨房、餐厅、羊皮手套作坊，到二楼莎士比亚诞生的房间。很简单，简单得不能再简单。如若从头到尾走一遍，估计也就两分钟。就这么结束了吗？走到后院，我又独自二次参观——再一次看看他曾经伏案的

■ 莎士比亚故居后院的小菜园

座椅，再一次想象卧室的北窗，西北风吹来，很冷的情景……

再一次走出来，回头看看这并不宽敞的故居，经过岁月的洗礼，越发显得低矮简陋。在这里，诞生了一部又一部影响世界的文学巨著。如今，在他的故居，已竖起了近200个国家的国旗！走进纪念品室，买下故居图片和莎士比亚肖像（尽管目前对其相貌真伪有争议）。装裱后摆在自家和办公室里，心中回荡着一种敬仰。

2. 莎翁戏剧

莎士比亚一生创作了37部戏剧、2部长诗和154首十四行诗。

1586或1587年间，莎士比亚来到伦敦，当时戏剧正迅速地流行起来。他先在剧院当马夫、杂役，后入剧团，做过演员、导演、编剧……后来，莎士比亚向人们证实了自己是一个脚踏实地、品行端正之人，他成为剧团的股东，很快赢得了同仁们的尊敬和爱戴。看来，沉甸甸的经历成了他创作的重要源泉。

■ 莎士比亚故居街头上的小丑——莎士比亚创作的一个在英国家喻户晓的形象

凡是读过大学的人应该都读过莎士比亚的作品，哪怕只有一部。如说是文学专业，尤其外国文学，读莎士比亚更是必修课。莎士比亚重要的历史剧有《亨利六世》、《亨利四世》、《查理二世》、《查理三世》、《亨利八世》等，喜剧有《仲夏夜之梦》、《无事生非》、《威尼斯商人》等，悲剧有《罗密欧与朱丽叶》、《哈姆雷特》、《奥赛罗》、《李尔王》……这些作品大多反对教会禁欲主义和封建伦理道德束缚，追求个性解放和自由爱情等人文观。

记得我20多岁的时候，我请教导师应该读哪些书，张翼健先生要求我读莎士比亚的四大悲剧。就是在那个时候，我记住了四大悲剧情节之外的名言警句，有的现在还能背下来。

四大悲剧《哈姆雷特》、《奥赛罗》、《李尔王》、《麦克白》和悲剧《雅典的泰门》代表着作者对时代、人生的深入思考，着力塑造了这样一些新时代的悲剧主人公：他们从中世纪的禁锢和蒙昧中醒来，在近代黎明照耀下，雄心勃勃地想要发展或完善自己，但又不能克服时代和自身的局限，最终在与环境和内心敌对势力的力量悬殊斗争中，遭到不可避免的失败和牺牲。正如哈姆雷特为报父仇而发现"整个时代脱榫"了，决定担起"重整乾坤"的责任，结果却是空怀大志，无力回天。

哈姆雷特的关于"生存还是毁灭，这是一个值得考虑的问题"的追问，成了我们现当代人的哲学话题。

奥赛罗正直淳朴，相信人而又嫉恶如仇，在奸人摆布下杀妻自戕，追求至善至美却反遭恶报。

李尔王在权势给他带来的尊荣、自豪、自信中迷失本性，丧失了王位而成为一个普通人，经受了一番痛苦的磨难后，却是同样或更加伟大。

麦克白本是有功的英雄，性格中有善和美的一面，只因王位的诱惑和野心的驱使，沦为"从血腥到血腥"、懊悔无及的罪人。

以上这些人物的悲剧，从生活真实出发，深刻地反映了时代风貌和社会本质，揭示了在资本原始积累时期已开始出现的种种社会罪恶和资产阶级的利己主义，表现了人文主义理想与残酷现实之间矛盾的不可调和，具有深醒人性的意义。

正如莎士比亚说的，戏剧"仿佛要给自然照一面镜子：给德行看一看自己的面貌，给荒唐看一看自己的姿态，给时代和社会看一看自己的形象和印记"。

3. 文学影响

莎士比亚作为英国文艺复兴时期伟大的剧作家、诗人，欧洲文艺复兴时期人文主义文学的集大成者，是有史以来词汇量最多的作家，至今没有人能超过他。

关于莎士比亚文学影响的评论，太多了。

马克思、恩格斯将莎士比亚推崇为现实主义的经典作家，提出戏剧创作应该更加"莎士比亚化"。所谓"莎士比亚化"，就是要求作家像莎士比亚那样，善于从生活真实出发，展示广阔的社会背景，给作品中的人物和事件提供富有时代特点的典型环境；作品的情节应该生动、丰富，人物应该有鲜明个性，同时具有典型意义；作品中现实主义的刻画和浪漫主义的氛围要巧妙结合；语言要丰富，富有表现力；作家的倾向要在情节和人物的描述中隐蔽而自然地流露出来。

歌德在评价莎士比亚的文章中说："当我读到他的第一篇作品的时候，我已经觉得我是属于他了。当我读了他的全部作品时，就从一个盲人变成能够看到整个世界的人。"

长期研究莎士比亚作品的韦尔斯很赞同歌德的观点。他说，莎士比亚的作品，表现了爱情、同情以及人与人之间的交流，他的作品超越语言、国界、沟通人们的心灵。在评价莎士比亚的影响时，我们应该这样考虑——如果没有他，就根本不会有他的作品。

再看看伊丽莎白一世对他的态度。在莎翁的历史剧当中，君主往往是反面角色。伊丽莎白女王呢，当然知道这一点，但是她并没有下令禁止演出莎士比亚的戏剧。因为莎士比亚从来就没有对女王有任何不敬，相反，他写了很多歌颂女王和她妈妈的剧本，赢得了大家的喜爱。如果他敢把女王写成反面角色，他早就人头落地了。

尽管在《哈姆雷特》中，就有"脆弱啊，你的名字叫女人"这样的台词，但是，这并没有影响伊丽莎白女王一世坐在舞台对面的包厢里看戏的心情。因为在女王看来，称女人脆弱是一种赞美，反之，如果一个女人被说成刚强，则一般被认为是一种污蔑。女王的宽容，成就了莎士比亚的艺术高度，也成就了英国整个岛国上的人民的面貌和气质——莎翁的作品广泛而深刻地反映了从中世纪向资本主义过渡时期英国社会的政治、经济、思想、文化和民俗……

莎士比亚对世界文学和戏剧的发展做出了巨大贡献，他在所有的文学作家中首屈一指的地位是无庸置辩的。相对来说，今天很少有人谈乔叟、维吉尔甚至荷马的作品，但是只要上演一部莎士比亚的戏剧，肯定会座无虚席。

再有，莎士比亚戏剧情节的多样性，以及语言的天赋无人能敌，他创造词汇的天赋是无与伦比的，他的话常被引用——甚至包括从未看过或读过他的戏剧的人。

据统计，莎士比亚的戏剧用词两万个以上。它广泛采用民间语言，如民谣、俚语、古谚语和滑稽幽默的散文等。莎士比亚注意吸收外来词汇，还大量运用比喻、隐喻、双关语，可谓集当时英语之大成。莎剧中许多语句已成为现代英语中的成语、典故和格言。

可以这样说，整个世界，专家就像中国人研究"红学"一样，对莎士比亚戏剧进行深入研究，而今也成了一门学问，叫做"莎学"。对文学界造成如此大的影响，难怪莎士比亚的朋友、著名的戏剧家本·琼森说："他不只属于一个时代而属于全世纪。"

写到这里，我想起了当时英国的剧坛为牛津、剑桥背景的"大学才子"们所把持，一个成名的剧作家曾以轻蔑的语气写文章嘲笑莎士比亚这样一个"粗俗的平民"、"暴发户式的乌鸦"竟敢同"高尚的天才"一比高低！

然而莎士比亚后来却赢得了包括大学生团体在内的广大观众的拥护和爱戴，学生们也会在学校演出莎士比亚的一些剧本，如《哈姆雷特》、《错误的喜剧》等。

试问，从未上过大学的莎士比亚的影响难道低于牛津、剑桥的影响？莫言说，文学的作用就是她没有作用。在今天强调科技、现实成功，讲究读名牌大学的时代，莎士比亚的成就是否对这一现象是一个莫大的讽刺？

我想起了英国首相丘吉尔说的话："宁可失去50个印度，也不能失去一个莎士比亚！"

相关资料

　　莎士比亚戏剧中的警世之言太多了，现摘录以下内容：

　　1. 聪明人变成了痴愚，是一条最容易上钩的游鱼；因为他凭恃才高学广，看不见自己的狂妄。愚人的蠢事算不得稀奇，聪明人的蠢事才叫人笑痛肚皮；因为他用全副的本领，证明他自己愚笨。

　　2. 孩子，跑得太快时会跌倒的。对自己忠实，才不会对别人欺诈。

　　3. 习惯简直有一种改变气质的神奇力量，它可以使魔鬼主宰人类的灵魂，也可以把他们从人们的心里驱逐出去。

　　4. 我没有路，所以不需要眼睛；当我能够看见的时候，我也会失足颠仆，我们往往因为有所自恃而失之于大意，反不如缺陷却能对我们有益。

　　5. 无论一个人的天赋如何优异，外表或内心如何美好，也必须在他们德性的光辉照耀到他人身上发生了热力，再由感受他的热力的人把那热力反射到自己身上的时候，才会体会到他本身的价值的存在。

　　6. 没有比较，就显不出长处；没有欣赏的人，乌鸦的歌声也就和云雀一样。

　　7. 最好的好人，都是犯过错误的过来人；一个人往往因为有一点小小的缺点，更显出他的可爱。

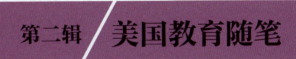

第二辑 / 美国教育随笔

看得见的隐性德育
——有感于华盛顿的几处景观

来到华盛顿，给我的感觉是特别"生态"。城市处处是教育资源。囿于笔者视角的局限，以及时间的仓促，仅选其中的几处谈谈。

一、梅西百货公司的气质

■ 华盛顿随处可见的雕塑

在华盛顿，除了绿树鲜花遍地，还有掩映其中的大气、素朴、简约的建筑。大多建筑色调呈土黄或浅灰。外立面有的是大理石，有的是砖，和大自然结合在一起，匹配和谐。沿路，看不到一幅幅大型画面宣传广告，也不见一句句"振聋发聩"的豪言壮语；街道宽敞、干净，不见一处垃圾、纸片；汽车站桩内外，也没有张贴广告，有的只是供人使用的遮雨棚和椅子；公园内、十字街头伫立着各种伟人或值得纪念的人物塑像。

总之，首都华盛顿几乎没有一处视觉污染。为了提高国民文化素养，所有博物馆都免费向公众开放。我们去了国家美术馆、国家航空航天博物馆，还有国家画廊、自然历史博物馆、国际女性艺术博物馆等等，还有以个人和集体名义冠名的纪念性场所也免费对公众开放，如我们去的林肯纪念堂、华盛顿纪念碑广场等等，不胜枚举。

这几天我们还走进了白宫、美国教育部和国务院。当然，联邦政府机构大楼，如农业部、劳工部、美国之音、联邦调查局等等，都有故事。只是时间有限，只能坐车隔窗而望。

可以说，华盛顿的每一座建筑、每一处景观，都是一座博物馆。甚至，连我们去过的商场，给人的感觉都是一座具有艺术气质的宫殿。商店外，一个商品推销广告都没有，干净得很纯粹。就拿拥有200家连锁店的Macy's（梅西百货公司）来讲，从外观上看，米色建筑，典雅高贵，名字毫不招摇，谦卑地嵌入建筑里，浑然一体。

在中国的任何商场，景象就完全不一样了，商家们会使出浑身解数，试图通过视觉的刺激、感官的碰撞来俘获消费者。浓妆艳抹的模特走秀、琳琅满目的奢侈品广告、垂挂于整个建筑的霓虹灯幕墙、喧嚣热闹的电子大屏，每个空间都在诉说着欲望与消费，空气的每个角落里都在散发着钞票的味道……

来到梅西百货公司，一是这里的商品便宜，货真价实，用导游的话说，你到美国买任何东西，没有假的，尽管买，尽管吃，不像在中国；二是喜欢这个商店的宁静；三是喜欢她朴素的气质——不仅外观庄重典雅。

然而更重要的，是它厚重朴实后面的故事。商店的创始人之一施特劳斯的创业史就是一本教育书。他14岁开始当商店童工，不怕辛苦和低下，白天勤奋工作，晚上自修文化……终获成功。"泰坦尼克号"遇险，有人向67岁的施特劳斯先生提出："我保证不会有人反对像您这样的男人上小艇。"施特劳斯坚定地回答："我绝不会在别的男人之前上救生艇。"然后他挽着太太艾达的手臂，蹒跚地走到甲板的藤椅上坐下，静静地等待着最后的时刻……原来这些看得见的建筑，不仅是一座博物馆，还是一部凝固的教育史。

二、奥巴马夫人的小菜园

真有幸！下午一点四十五分，我们进入白宫参观。经过安检走进去，只见屋顶警察端着冲锋枪巡逻。白宫的小路上，几步一个警察。当看到楼上一个小型乐队在演奏时，气氛轻松了很多。在白宫门前，种植着各种树木，各色品种的花草，绚丽多姿。每棵树、每株花都见证着白宫主人的更迭和背后的荣衰。且不说老布什总统和小布什总统栽下的树，也不说克林顿夫妇侍弄的精品花卉，我感兴趣的是白宫里的小菜园。

白宫园子里有人种菜，可追溯到"二战"期间。罗斯福夫人为了应对战时食物短缺，在白宫里开辟了胜利菜园。当时许多美国家庭都响应这一号召。这次，菜园的主人是米歇尔·奥巴马。她在白宫的南草坪，划出100多平方米的地，种植50余种蔬菜，包括甘蓝、甜菜、辣椒，等等。这次我来到菜园看到了小白菜、菠菜、莴苣，还有说不上名字的几种蔬菜。每一种都单独划分开来，分别种在或三角形，或长方形，或菱形的小块地里。小白菜嫩绿嫩绿的，舒展着小叶子。菠菜叶子现在已经长得有食指那么长了。

虽然不能指望这座小菜园能提供总统一家所需的全

■米歇尔在白宫和孩子们一起种植的小菜园

部食物，但至少抵消了一部分开支。整个菜园的成本才200美元，节省费用不说，还以如此小的代价，带来巨大的社会效应。原来，这里俨然成了一个露天教育基地，奥巴马夫人经常邀请小学生来菜园子里参与劳动，一并享受有机膳食。她希望通过教育这些小学生，影响更多的家庭、更多的社区，大家共同劳动，勤劳自给，营造一种充满劳作情趣、简朴自然的低碳生活方式。

写这些文字时，新闻正报道奥巴马与夫人主动公布2010年总收入172.8万美元，主要源于出书的版税。夫妇两人共缴纳超过50万美元的版税所得税，而他当总统年薪才40万美元。基于此，可以想象平民总统和夫人对美国民众的教育影响会有多深。

三、白宫门前的"抗议"

2011年4月11日中午，我们一行到美国国务院，出席中美人文高层磋商会议闭幕式。国务院门前，耳边不停地响起国务院安全线外群体抗议人们的口号声，有领头喊的，有齐声和的。头一天参观白宫，我们在门口也看到一群阿富汗人在高喊口号、示威。领头的还用麦克。导游说，在白宫前，几乎天天都有举旗示威的，没想到国务院门前也有。更令人捧腹的是，华盛顿市长4月11日这天也上街游行，他拿着麦克在高处演讲，认为美国国务院和众议院通过的国家经费削减预算方案损害了华盛顿市民的

■ 白宫门前的示威

利益，同时影响了辅助穷困妇女堕胎的计划……后来的几天，我们到威斯康星大学访问。那里的居民前一天在州政府大楼游行抗议，约达两万人。负责人告诉我们，在美国，游行抗议就好像工作。不过，美国的抗议不是暴力，是文明地争取权利的方式。

若说群体组织，短时间进行，我们还能理解，可在白宫对面的马路的抗议是一个人，从1981年8月1日起在这里"安营扎寨"！我们看到草坪上，有个仅能容身一人的简陋小帐篷，住着那位抗议者——美国老妇人。她21岁时结婚，而后生女，一年后离婚。从此，她失去了丈夫与女儿，失去了家，还失去了工作。此后，她用了7年的时间，想取得孩子的监护权，都未能如愿。她还给当时的卡特总统写了一封信，得到的答复是："我同情你的遭遇，但我远在800里之外，而且我也无权过问。"于是，她举着自己手写的标牌，到白宫门前，请求给予公平。春去秋来，里根、老布什、克林顿、小布什、奥巴马，白宫的主人换了又换，走了又走，但她没走。她的抗议内容也多元起来，用符合美国法律的和平请愿方式宣传和平、反对战争……

看到我们这些"中国脸"，这位不足一米五的、戴一顶厚棉帽子的老妇人，向我们展示了一块写有"世界和平"的汉字牌，并伸出两个手指，以示和平一定战胜战争。同时，她还热情地取出刊载她的《人民日报》剪报复印件让我们看。

■ 老妇人拿着"世界和平"的瞬间

临走时我拍下了老妇人拿着"世界和平"汉字牌的瞬间。

漫长的岁月，白宫的邻居——这位老妇人，成了美国人甚至全世界人的活教材。就是这种文明的举动，让我们看到了美国人的理性追求。

四、处处飘扬的美国国旗

在华盛顿的这几天，吸引我们的视线、冲击我们心灵的还有国旗。无论你走到哪里，到处飘扬着美国国旗。记得在电视上，看到万人体育馆升旗时，所有观众不约而同地起立致敬，没有人讲话，没有人照相。在这浓浓的爱国气氛中，你会敬佩随意、自由的美国人竟如此严肃认真。

看，华盛顿纪念碑周围五十面国旗代表五十个州，迎风飘扬。国旗中的 50 颗星代表美国 50 个州，13 道条纹代表最初北美 13 块殖民地，红色条纹象征英国，白色条纹象征脱离它而获得自由。我发现，每一个部门一般至少悬挂两面国旗在大门的一左一右，每一个家庭也会在家门口悬挂国旗，甚至让家里充满星条旗的小物件，如抱枕、碗碟等。导游说美国"国庆节"7 月 4 日这天，国旗会插遍各个角落。离开华盛顿，我们又到了芝加哥。这里的国旗依然处处飘扬。后来在威斯康星，看到大学、中学老师的办公桌上以及墙上都摆放或悬挂着国旗……

在美国，个人焚烧垃圾是违法的，即便在自家后院焚烧枯树枝也违法。可是让人费解的是，焚烧国旗从来就没个明确的法律交代。从 20 世纪 90 年代起，有人打主意修改宪法以保护国旗，遗憾的是，每次均以或大或小的投票差被否决。反复的宪法修改提案每年都在进行，到后来，是否禁烧国旗都已经变得不重要了，重要的在于是否经过大众细致的思辨，最终达成一致。程序才是重要的。

"我宣誓，忠实于美利坚合众国国旗，忠实于她所代表的合众国——苍天之下一个不可分割的国家，在这里，人人享有自由和正义。"多么振奋的誓词。试想，一个缺乏国旗意识、国旗理解与国旗情感的国度，是没有向心力与凝聚力的。这些来自不同国度组合在一起的美国公民懂得，尊敬国旗、热爱国旗、悬挂国旗成了一种鲜明的生活态度。

看一座城市的文化，最直接的就是你的所见。建筑、小菜园、抗议声、国旗，还有他们的主动让路、秩序排队、安静有礼……无声而有形，真实且直观，你看得见，感知得到。一切的人、一切的景、一切的物，都是教育的载体，美国的道德教育就在每天的生活中。一句话，美国的"德育"体现在一切的生活中、一切的细节中，是没有德育教育的教育。

我们参观美国学校时，问有没有专门的思想品德教育课，得到的回答是没有。主要原因是，美国家长怕传递宗教。他们觉得自己的孩子选择什么宗教，不需课堂讲授。美国学校不仅注意习惯的培养，更强调环境，以及在人与人交往过程中榜样示范的力量。当询问 Rockford College 小学部的传达室老师是否任课时，她回答"上课"，问上什么课时，没想到这位和蔼的中年教师回答："和老师、同学们打交道就是上课啊。"

按理，我们不断地强化德育教育，专门开设有思想品德课程，学生应该学有所得。那么，为什么我们的教育效果却不够明显，甚至国民道德素质整体滑坡，社会风气日益令人担忧呢？德育需要教化，然而，德育是教化出来的吗？温家宝在同国务院参事和中央文史研究员座谈时说，近年来相继发生"毒奶粉"、"瘦肉精"、"地沟油"、"染色馒头"等事件，这些恶性食品安全事件足以表明道德的滑坡已经到了何等严重的地步。一个国家如果没有国民素质的提高和道德的力量，绝不可能成为一个真正的强大的国家、一个受人尊敬的国家。他强调，要注重对社会转型期道德文化建设的研究。

看来，上至国家社会，小到家庭个人，处处都应该是德育资源，人人都应该是教育资源。而且这种教育不是喊出来的，也不是靠呼吁来实现的，而是实实在在做出来的。我们国家的整个社会环境，必须重新清洗。比如"洗"去街头马路、商店的美女广告等视觉污染；禁止行人随地吐痰的粗俗行为；驱除电视、网络传媒中的暴力与色情；倡导公共交通多一份礼让与关怀；建议博物馆、公园的大门免费向公众开放，让人们在历史、文化、自然的滋养中提升人文素养；开放大学校园，让人们共享人类的文明与教育科技成果；等等。

学校的教育环境要在中华文明中寻根，在"人性本善"中寻找方向。比如复兴儒家思想，在人们视觉所能企及的地方，以经典的"礼"、"仁"、"孝"、"耻"等滋养人们的道德思想；比如提倡素食、低碳生活，恪守一切生命都是平等的，传播人文关怀……

目前，清华附小正在进行德育课程的全面构建。比如思想品德课融入心理学、生命学、文化与历史等内容。基于对学生"健康"、"阳光"、"乐学"三个价值取向的追求，提出"勇于担当"、"诚实守信"、"自强自立"、"言行得体"、"协商互让"、"尊重感恩"、"学习至上"、"全面发展"的具体要求，并落实在"低、中、高"三个年段中……我们既要训练学生的大脑，也要培育学生的内心。我坚信只要有愚公移山的精神，有甘当苦行僧的决心，有向善和大爱的情怀，我们的努力就会有效果。

作为教育工作者，写出以上对"教育环境"思考的文字，深感愧疚。有些"学生要求"，我们教师的言行做得也不够，好些时候我们是没有底气要求学生的。这次美国之行，也让我看到了自身的不足以及整个团队的问题。清醒便好，但愿因我们的行动与坚守，培养的后来人，不是在喊着德育口号，不是在一代不如一代的叹息中，迎接未来。

花絮

在梅西百货公司采购，我选的几件衣物都不超过三十美元。商场里，各种衣服琳琅满目，目不暇接。这边是 70% 的打折，那边是 85% 的折扣。走上前一看，每一件衣服都不同，价签上，有的衣服已经减过一次或两次，再加上这次的折扣，价钱低得很。比如有的在国内起码得 100 元人民币，这里仅 2.4 美元，感觉像白送一样。每选中一件，就禁不住感慨：便宜，太便宜了！难怪出国前朋友告诉我：带个旧箱子，带几件旧衣服，回来从头到脚"武装"起来，扔掉原来的即可。我以为是个笑话，看来，这么做也是合情合理呢。

更有美国人告诉我，这里的每一件衣服都是"三有产品"，穿着尽管放心。尽管衣服打折，但绝不是故意抬高价钱再弄一个打折的形式欺骗顾客，而是赶上春季，正是减价打折的时机。我相信他们的话，也感觉这里打折的衣服质量和款式都不错，加上"三有"标志，虚荣心顿时便满足了起来。看来"打折"里也有道德教育元素。

春天，我们的学生在做什么
——有感于四月的华盛顿

吟诵过"人间四月芳菲尽，山寺桃花始盛开"，朗读过林徽因的《你是人间的四月天》，想必美国的四月也一定很美。的确，来之前，朋友说，四月初是华盛顿最好的季节，一定要去赏樱花。的确，日本赠送给华盛顿的3800株樱花，正在盛开。

华盛顿繁花似锦。然而，在我看来，最美的景致却莫过于那遍地的学生。

一、林肯纪念堂前：演奏与颂歌

到华盛顿，林肯纪念堂你是一定要去看的，因为林肯纪念堂被视为美国永恒的塑像及华盛顿城市标志。从名字上就会得知，这是为纪念美国第十六任总统林肯而建。纪念堂位于华盛顿的国家大草坪西端，碧波如染的波托马克河东岸上，矗立着一座用通体洁白的花岗岩和大理石建造的古希腊神殿式纪念堂。

刚下车，就看到纪念堂前一群人在围观，悠扬的小提琴声飘荡出来。急忙走近，只见两组学生乐团列队于纪念堂左侧，他们身穿黑色校服，内穿草绿色衬衫，男生显得优雅绅士，女生则娴静淑女。只见位列首席的小提琴手领奏，其他成员专注倾听，接着大提琴加入，随后其他小提琴手汇入合奏。乐曲的内

■ 在林肯纪念堂前响起的颂歌

容我并不熟悉，但给人的感受是悠扬、沉静。曲毕，所有的听众不约而同地鼓起掌来。

轮到另一组合唱团的演出了。指挥是一位中年女教师，在她的指挥下，每一个成员手捧曲谱，和着伴奏的"引领"，歌声响起。声音那么好听，如诵经一般。细细观察每一个演唱的学生，有黑色皮肤的，也有亚洲面孔。他们没有丰富的表情，没有表演动作，都专注在歌唱上了，一个个凝神静气、全神贯注，根本就没有在意我们这些听众的存在。也许是在林肯纪念堂前，颂歌所传递的神圣感染了他们，也许对于这样的演出已经习以为常，才那么从容自然吧。

考察团领队催促了，不得已离开这美妙的声音，走进纪念堂。沿着56级台阶（据说林肯56岁时被杀害，为了纪念他，人们设计了56级台阶），一座大理石的林肯雕像伫立在纪念馆正中央。他的手安放于椅子扶手两边，神情肃穆。雕像上方是一句题词——"林肯将永垂不朽，永存人民心里"。仰望塑像，心中的敬意油然而生。人民不会忘记他对美国做出的贡献：解放奴隶和维护美国统一。他从社会最底层看出奴隶制的丑恶，揭穿"人人生来平等"的虚伪面纱。虽然他被残酷暗杀，但他的精神将永存在追求平等自由的人们心中。

自从马丁·路德·金1963年在这里发表著名演说《我有一个梦想》后，林肯纪念堂给人们印象最深的，就是作为争取公民权利的地点。同时，这里也是黑人歌剧演唱家马利安德逊在1939年被拒于宪法厅演出后，为全场共七万五千名观众表演歌剧的地方。于是这里成了那些热心革除社会弊端人士的聚集地。

你看，这些演奏的、歌唱的学生们不也来到了这里，表达一种心愿，寄托一种梦想吗？

走出纪念堂，外面学生的演出并没有结束。透过36根石柱，还能看到林肯塑

▇ 林肯纪念堂

像，只不过成了一个黑影。这小小的雕像就这样影响了一代又一代的美国人！

二、越战纪念碑前：寻找与抄写

从林肯纪念堂走出来，就到了越战纪念碑前。这里游人多得把路堵得几乎"水泄不通"。人群中最多的还是学生。这里的学生着装各异，有的穿短袖T恤，有的穿牛仔上衣，有的全身穿运动衣。大多数学生都围聚在一起听着讲解员的解说，还有一部分学生，手里拿着材料在寻找某个阵亡士兵的名字，然后填写到手中的表格里。这是一个用黑色大理石垒成的墓地碑，总长151米，镌刻着越战期间，美国阵亡的58156名官兵的名字、籍贯、阵亡时间等。

这个纪念碑不像我们所想象的从平地高高耸起，而是一座架构非常奇特的墓碑。他的上端与地面的草坪齐平，主体部分却伸入地下。整体结构呈一个巨大的倒三角形，两腰逐渐下行，至最低处呈125度夹角。它似乎告诉人们，美国因为越战而陷入"地底"。如此设计，人们可直接用手触到士兵的名字。我来到一位学生面前，看到他一边寻找战士的名字，一边填写到手中的表格里。遗憾自己外语水平不好，不能与其直接交流，当然，他那么专注，也根本不好意思打扰。

■ 在纪念碑前寻找烈士的名字

这是美籍华裔建筑设计师林璎设计的。它是从1421件作品中，由8位国际著名的建筑设计专家组成的评委会投票选出的。林璎的姑母和姑父就是闻名遐迩的林徽因（我喜欢林徽因，她曾在清华园的新林院居住，离我现在工作的地方仅几步之遥，我还专门写过一篇关于她的文章）和梁思成。现在林璎是美国著名的建筑设计师，在"二十世纪最重要的100名美国人"中就有她的名字。不过，这里特别说明的是，林璎设计这座纪念碑时才22岁，是耶鲁大学建筑系二年级的学生。

三、华盛顿纪念碑四围：漫天风筝

我们知道，美国首都华盛顿，全称为"华盛顿哥伦比亚特区"，是为纪念美国首任总统华盛顿和发现美洲新大陆的哥伦布而命名的。华盛顿在行政上由联邦政府直辖，不属于任何一个州，是美国的政治、经济、文化中心。

前往白宫参观，围绕华盛顿纪念碑而行。映入眼帘的华盛顿纪念碑，高169米，全部用白色大理石砌成，如果乘电梯登上顶端，全市风光尽收眼底。纪念碑高耸云天，洁白、坚定、简明，给人以庄严、肃穆之感。纪念碑内镶嵌着188块纪念石，由世界各个国家和地区赠送，作为美利坚合众国成立的纪念。其中有一块用中文镌刻的花岗岩石，是清朝政府赠送的。

这座无字纪念碑，是华盛顿最高的建筑物。周围的广场绿草如茵、空阔旷远。草地上几乎都是人。有老人在悠闲地散步；有母亲把婴儿车停放在草地上小憩；有青年男女或坐或躺在草地上聊天。

最多的还是学生！他们大多在放风筝。有小学生模样的，跟着家长放风筝；有中学生样子的，自己放风筝。有的仰望蓝天，欣赏着自己那高高摇曳的风筝；有的拽拉着，努力把风筝放入天空；还有的正在起跑，准备放飞。瞧，天空中，大大小小、各种各样、五颜六色的风筝在翱翔、飞舞……

置身美国首都，不像其他一些国家的大都市，更不像我们北京，人口密集，交通拥堵。然而，华盛顿纪念碑周围的人气却如此之旺，让你吃惊不小。你会感慨，是不是华盛顿所有的学生、儿童都来到了这里？

四、国家航空航天博物馆里：熙熙攘攘

下午，有两个地方可以参观，一是美术博物馆，二是航空航天博物馆，而且是二选一。一向对航天不感兴趣的我，决定去美术馆。当听说航空航天博物馆有月球上的一块石头，有莱特兄弟的飞机模型时，我改变了主意。

一下车，视线所能企及的都是学生的身影。博物馆门前的石阶上坐着的，站着的，全是学生。走进去，满眼全是学生。美国是科技航空最发达的国家，从如此拥挤的学生人流里，我已经感受到他们对科技的极大兴趣。博物馆的正厅被命名为"飞行里程碑"，形形色色的飞行器或悬吊在大厅天花板下，或停放在宽敞大厅的地面上。我上前触摸了一块较小的狭长三角形石头——"月球石"之后，又把目光投向学生身上。在 24 个展厅陈列中，学生们有的独自参观，有的几个人在一起，有的是一大群。有的走到人类飞行史上具有重要标志性意义的飞机、火箭、导弹、卫星、宇宙飞船前，记录或讨论；有的来到一些著名飞行员、宇航员、科学家的蜡像和各类器物前留影记录。渐渐地，我也随行在学生中，看到了珍贵的原物和实物，包括中国古代的风筝和火箭模型、世界上第一

| 我的教育视界

■ 航空航天博物馆的一角

个热气球的复制品、1903年莱特兄弟发明的第一架飞机、人类第一枚火箭、第一颗人造卫星、"阿波罗"登月舱、"哈勃"太空望远镜、航天飞机……

这里，每月接待观众达10万之多，第一年的参观人数超过100万人次，创美国各博物馆最高纪录。我相信，大多数是美国的学生。

走出航空航天博物馆后，我看时间还来得及，又悄悄来到了美术博物馆。它就在航空航天博物馆对面。穿过马路和草坪，前往博物馆的时候，又看到一群学生，右手边是一队，左手边是一队，正准备进行足球比赛。

走进美术博物馆，这里穿梭着的还是学生的身影……

难道这些学生不在自己所在的学校上课？整天是这样"学习"？我的疑问变

成猜测，经询问，和我猜测的一样：为让学生们深入生活，接触社会，华盛顿学校专门安排了半个月的春假。而且，美国各个州都有春假。由于美国幅员辽阔，温差不同，各个州根据季节的不同，设定的日期也不同。

对于我们这些来自世界各地的观光客而言，华盛顿是历史文化旅游胜地，可是于美国学生而言，这里却是另一个课堂，他们在扩大心胸、拓展视野、获取知识、升华思想。课堂小天地，天地大课堂。华盛顿的一切都是美国学生学习探索的课堂，而学生又构成了华盛顿重要的风景。因此，在华盛顿的这几天，我不断地感慨：这里，全是学生！学生是华盛顿的生命！是华盛顿的未来！

春天，我们中国的学生在做什么？我们的学生在寒暑假，会做什么？我们的社会，我们的学校，究竟为学生提供了什么？走出美术馆，我不断地问自己。

看看我们的学生吧。春天，有谁见过中国那些风景名胜中有如此多学生的影子？他们都在自己的课堂里"埋头苦读"呢。若有，也是学校象征性地"春游"，即来到某个地方，蜻蜓点水般地游玩一圈，没有深入地考察，更没有独到地思索。

在寒暑假，又有多少学生能这样深入地走向生活？比如暑假或寒假，我每天上下班走在清华园里，所见到的从祖国各地来的学生，大都是跟着旅行社来这里参观，其主要目的不是研究清华文化，而是到这里立志：我要考上清华大学。也许别无其他。

就我们清华附小来讲，不管外面如何为"小升初"或"统一抽测"备战，我们总是雷打不动，照常开展丰富多彩的学生课外活动。而且，学校的春游、秋游和劳技是学生们最喜欢的活动。尽管如此，对照美国的学生，我们的学生活动的主题似乎不够鲜明，深度也似乎不够。

华盛顿之行，真正收获的不是这些标志着历史与文化的名胜，而是这些学生带给我的触动与启发。从华盛顿"遍地是学生的现象"中看出，美国的确做到了开放性教育。每所中学都必须有十个以上的技能培训基地，学生在进修完基本课程后，就可以根据自己的个性特点，选修艺术、音乐、建筑、设计等专业。尤其还鼓励研究性学习，开发学生思维，培养学生的创造力。

从幼儿园开始就实施天才培养计划，给特殊儿童特殊教育，鼓励动手和阅读，激发求知欲和探索精神。也许，正是这样的城市，这样的春假，成就了林璎、希拉里、奥巴马等这样的美国学生吧。

巧合的是，在美术博物馆参观的时候，有个女孩看到我这张中国面孔，感到很亲近，便主动让我帮她照张相。她还告诉我，自己是清华大学电机系的学生，这次出来参加一个大学生课题研讨会。我告诉她，自己在清华附小从教，我俩同在清华园生活啊。她激动得跳了起来，并和我合影留念，还留下了手机号码和邮箱地址。缘分啊，世界真是平的！这位大学生能在开会间隙参观美术博物馆，提高自己的人文素养，我感慨：在华盛顿这个大课堂里，中国学生没有缺席。

看来，学生都是一样的乐在学习，接受新鲜事物，不在于他是哪个国籍，在哪个国家就读，关键在于他所在的国家有着怎样的教育机制，他所在的社会、社区、学校提供了怎样的课程。

是时候了！如何利用清华大学丰厚的课程资源，建立附小学生的培训基地？如何利用海淀区文化资源优势，以及北京，甚至全国的文化、科技、历史内容开发附小自己的校本课程，使学生通过丰富多彩的社会实践，进行探究性学习，有所创造？我们必须筹划并行动起来。

> 花絮

在美术博物馆参观达·芬奇、米开朗琪罗等世界著名艺术家的作品。其中一幅花卉油画引起了我和沈阳于洪区魏忠厚书记的兴趣。我们驻足油画前,细细端详每一朵花、每一只小昆虫。螳螂、牛虻、蚊子落在花朵和叶子上。花瓣和叶子上的露珠在摇曳中好像马上要落下来,逼真极了。我的手情不自禁地指向一滴露珠,其实并没有触摸到露珠。没想到,一位美国老妇人在旁边比比划划对着我们说话,我们不明白怎么回事,以为她有什么让我们帮忙的。

不一会儿,一位监管人员来到我俩面前。只见这位高大的黑人工作人员也在我俩面前讲了一大堆话。原来,刚才的老妇人看我们"不听"她的劝告,找来了相关负责人。这次,虽然听不懂,但从表情和动作上看是误会我们刚才触碰油画了。我们用动作解释说明没有触碰画面,并用微笑表示友好。"风波"终于平息了。

美国人,人人热爱艺术,人人热爱美国,从对这幅画的"保护"中就可见一斑。

从三所学校的细节，看"以学生为本"

在美国，两次听到同一句话："美国是儿童的天堂，青年人的战场，老人的坟墓。"不错，在学校，扑面而来的以"学生为本"，随处可见。

一、华盛顿州蓝盾男子中学

这是一所私立的百年老校，在华盛顿州很有名气。学校占地600多亩，蓝天、森林、草地依山起伏，幼儿园、小学部、初中以及高中分别坐落在草地与古树翠柏中。远望，整个学校优美典雅，就好像过去神秘的贵族庄园。禁不住感慨：在中国，甚至在我去过的国家里，我还没有见过这么古典的学校，好像她从来就没有年轻过。

1. 后山坡的小剧场

陪我们参观的是定居美国的中文老师谭大丽，以及中文班部分高中学生。迎接我们的六个学生就在半山腰等候。他们高挑的个头，阳光、健康，颇有绅士的味道。在往学校走的路上，山坳中的足球场，还有半山坡的网球场，让人禁不住感慨，这儿的学生会有怎样的惬意。

如果说足球场、网球场是在满眼绿色的陪衬下，让你有特别想去玩一场的冲动，那么后山坡的剧场也许会让你坐在那里不愿意离开。沿着"森林小路"来到露天剧场。说是"森林小路"一点也不为过，因为这个露天剧场是在后山的一片森林里开垦出来的，周围全是高高的树木，品种不一，有的起码上百年。由于依山势而建，用木板搭成的座位就有了层次。学校有600多名学生，这里有600多个座位。每年的开学或大型仪式，学生和家长就聚集在这里。呼吸着新鲜空气，感受着剧场的氛围。"真接地气啊！"我感叹道。

按理，接待外国友人，一定要在学校最大的会议室。可是，这样的名校，没有豪华的供老师开会的会议室，所有的教室、会议室或剧场都是为学生准备的。也就是说，一切的房间除了教师必需的办公地点，其余的都给学生。因此，我们这20多个人一直是走动参观。

■蓝盾男子中学后山坡的露天小剧场

| 我的教育视界

■ 拍下蓝盾中学男孩的瞬间

2. 食堂里的握手

最后一站，食堂。校长来到这里和我们座谈。在交流中，蓝盾中学校长谈到办学理念，第一句话就是以学生的发展为本，接着谈到办学特色。他们在这个学区开办专门培养男生的学校，重在强壮身体，开设了多种体育课程；重在意志品质培养，开设了培养领导力和领袖气质的课程。

我们团员学习心切，接二连三提出疑问，没想到，小学部的孩子们下课了，他们纷纷来到食堂就餐。这时，校长微笑着说："学生吃饭了，我们不要打扰他们，一起到走廊里聊吧。"

从地下食堂走廊往地面上走的时候，只见这位白发苍苍的校长一直微笑着，一边走，一边和每一个学生握手，对个别学生还耳语几句，那般慈祥，仿佛学生在跟自己的爷爷亲近。

一下子想到了自己的国家。以往接待外宾，一般会弄一个条幅，写上热烈欢迎外国友人来学校参观指导。更有甚者，学生要事先做好迎接准备，甚至彩排。假如也在食堂接待外宾，这时学生吃饭的时间也到了，我们一定会让学生在外边等着，直至外国人离开。非但如此，我们的孩子还需给如此德高望重的校长让路……

最开始在学校半路迎接我们的那几个"绅士"，最后把我们送到离开学校的路上。学校连接马路的路很长，蜿蜒着，在绿草与苍树间。

那天阳光如此灿烂。

二、威斯康星州太阳草原中学

如果说蓝盾学校的古老历史感，让我们感觉好像在英国贵族庄园的话，那么这所学校应该说是目前我所见过的最好的、最"豪华"的学校。由于当地比较富裕，七年前社区人们就开始征税，直到建成他们想要的学校。

1. 游泳馆的"毯子"

体育馆、剧场、食堂、游泳馆……太现代了！限于我们自身所处的学校环境和条件，我想任凭你怎么想象，也想象不出这所学校的现代化程度。就游泳馆来说，面积大，深水、浅水、冲澡间规范得与正规比赛场地不分高下。水上面盖着一个蓝色的帘子。如果不晓得，还以为是铺上去的大大的毛毯。原来是保护下面的水温，不至于学生游泳的时候水太凉。如果学生来，帘子就在电钮的指挥下，卷起来升到上空。在篮球馆，我们所见的是篮球底座的架子竟然倒吊在屋顶，目的是不占地面，给学生更大的活动空间——我们不禁感慨，人家怎么想的呢？即便是让我们做，也许弄不成这个样子。

还有，为什么是蓝色

■打开毯子，是清澈见底的学生游泳池

的帘子而不是绿色或红色？刚才参观的体育馆可都是红色调。果然被我猜中了。体育馆的气氛是热烈的，有汗水、笑声、叫喊声。游泳馆是水组成的，学生到这里，感受的是沉静、安宁。他们到这里锻炼是一种舒展运动，整个色调也是如水的蓝色，因此这保温的大大的帘子就是水的颜色。

2. 校长的脸红了

下午和学生座谈。校长没有讲几句，就把时间都给学生了。学生们侃侃而谈。其中有一个问题引起我的兴趣。有校长问美国学生："如果你犯了错误，教师如何对待？"学生回答："犯错误时，教师会及时与我交谈。她会对我说：'不要紧，不用担心，这没什么大不了的。我们两个人是否能单独探讨一下？如果不采取这种办法，是否有更好的解决问题的途径？'"他们还说："我的老师不仅给我知识，还经常与我交谈人生，随时让我的内心产生对他的敬仰，并重新充满信心。"可以想象，如果在美国体罚学生，该有多么不可思议？

还有一个学生用了一个与众不同的词语表达他对教师的感受，他说："我们的老师每天都会激发我，随时给我们带来创造的灵感。"海淀区教委中教科科长苏纾马上问道："你谈到好的教师会给人以灵感，你认为什么是灵感？灵感在你成长的过程中到底起到什么作用？"这名高三的黑人女学生略加思考后回答："灵感来源于每一天我们到学校来都是崭新的开始，教师引导我们不断探索未知。"另一名白人女学生马上补充道："灵感还来源于当教师提出一个新的问题时，总是鼓励我积极去思考并主动在大家面前大胆表达，让我随时感到自己始终与众不同！"这是典型的美国式的回答，它使我体会到创新精神的培养不是一句空洞的口号，它需要载体，需要教师在教育理念、教学细节与平凡的坚持中逐渐引导和实现。

不知不觉快要放学了。这时我们随行的一位领导正要提问题，只见这位校长很友好地提醒："对不起，只有三分钟时间，只能提问一个问题。"当这位领导还在说话时，校长非常着急，跟身边的特殊教育老师耳语了一番，再看她的脸，红到了脖子根儿。但出于礼貌,校长还是没有打断我们。好不容易结束了,只见校长马上站起来,让学生赶紧回家。

3. 乐队旁边的特殊孩子

晚上我们还在这所高中,观看学生表演的管弦乐。体育馆里人山人海,台中央全是学生,一共有五个校区的管弦乐队集中在这里演出;看台上的家长,坐满了四周。

有两处细节特别让我感动。我座位的左手边,几个"特殊"的孩子坐在那里,有的是家长陪护,有的是老师陪护。我看到一名学生手里拿着乐器,自我陶醉似的摆动,他的妈妈也跟着晃动。要是在中国,我们可能不让这些学生参加,怕他们在剧场一角影响了整个效果,而且还要为他们操心。可这名学生,以及他旁边的那些学生,也是演奏者,一个不能少。

■ 草原部落学生为我们表演管弦乐

还有一处就是,五个学校的校长都站在学生乐队的旁边,那身影,如果不注意,你根本看不见。要是在中国,校长通常会坐在最醒目的看台上。

■ 家长前来助阵,特殊需要的学生有专门老师陪伴

三、加州福尔摩斯国际初中

这是加州的著名中学，在一片平地上建立起来。早上，司机把我们带到该校后门，接待我们的学校负责人让我们回头走正门，以体现对我们的尊重。大家觉得没有什么，不用这样麻烦了，可是他们还是微笑着表示抱歉。这个小小的举动触动了我——这里一定是尊重人的学校。

1. 领队的学生

接待我们的是这里的学生。说到这儿，也许不觉得奇怪，我们国内也充分体现以学生为主体，也让学生接待，甚至让学生当"代理校长"。然而，这所学校专门有一门选修课——领导战略指导力培养。参加选修的学生，不但要学习这门课程，还要有学分记录。这次接待就是为了完成作业，而不是为了接待而接待。

我们跟着四名同学，走进科学教室、英语教室、体育教室。领队的学生落落大方，与教师交流，并指导我们该如何去做。在科学教室，为了让我们看到"稻田式"的桌椅摆放变成小组讨论的形式，只见她跟上课老师沟通了几句后，一声令

■ 跟两名领队的学生合影

下，同学们迅速按照她的要求四人分成一组坐下来。

在听课过程中，我们发现内容太有趣了，比如火箭制作、化工厂应该建在何处，随行学习的老师对此特别感兴趣，情不自禁地发出议论。而这几个学生也毫不客气地用手势提示我们。

■ 福尔摩斯国际初中的科学教室

有意思的是，当要下课的时候，领队告诉我们要继续在原地观察学生，不能走出教室，必须等铃声响过，学生都离开以后，我们才能出去——因为她担心我们影响学生下课，会打扰"走班"学习的学生。

看来，连领队的学生也"以学生为本"。

我们团队中有局长、院长，更有校长，大家乖乖地听学生的指挥，谁也没有提前或者随意离开。当问其中的一个女孩为什么要参加领导战略指导力培训的时候，她肯定地回答说"要做未来世界的领导人"——好大的口气！

看到他们指挥我们时的协调能力、组织能力、沟通与交际能力，我敢肯定他们真的成了学校的主人，成了这里的管理者。我和辽宁鞍山的李季局长感慨：我们是培养并输出人才，人家是吸引并管理人才。的确，美国的每一位教师全都珍视每一名学生，不只是关心学生的身心是否健康，他们会尽最大的努力开发学生的潜能，使其获得成功。

2. 历史教师的教室

我们参观的每一所小学，都没有教师办公室。由于小学教师实行"包班制"，一天到晚和学生们在一起，因此教师的办公室就是学生的教室。在中学，学生是"走班"上课，老师在那里等候一批批来自己教室上课的学生。应该说，"教室就是老师的办公室"的理念已经成为事实。学生可以在任何时候找到老师，得到老师的帮助。一句话，班级就是师生共同生活的家园。

这些天我发现，美国教师办公桌上的作业本、教科书、电脑、书籍、美国国旗、零食以及饮具，看上去虽凌乱，但很生活化，不是刻意为之。但有些地方还是"精心设计"的，比如一间历史教室。这位老师身穿红色T恤，花白的胡须表明已经不年轻，身子靠着自己的办公桌和学生们探讨中世纪的美国历史。且看教室，一面墙上挂满了该教师每次带领学生到白宫等地考察的放大照片，且用镜框框了起来；而窗边的柜子上放满了老师自己花钱买的各类名人的卡通人物，包括华盛顿、林肯、布什、奥巴马、马丁·路德·金、特蕾莎、阿里、美国棒球队的著名队员……只要是与历史有关的人物，这位教师都将其收集在这间教室里；至于书架上有关历史的书籍，我想就不用介绍了。总之，这是一间真正的历史教室，而这位教师把这里当成了收藏室或者博物馆。

我们动不动就说，学生不喜欢教室，喜欢操场，然而，这位教师的教室，

■ 历史老师收藏的历史名人卡通形象

学生肯定喜欢——在采访中得到了证实。只要对学生有用，这位老师就不遗余力地把"历史"买到这里来。

以上三所学校，分别在美国的东部、中部、西部。这些学校对学生的尊重，我从侧面也能感受到。比如每所学校的校长对老师都特别尊重，每次来到新学校，校长都要介绍各个部门的负责主管和相关教师。

■ 历史老师教过的历届学生照片墙

尤其在福尔摩斯国际初中，校长介绍学校的时候，我发现了两个细节：一是介绍食堂的负责人，并领着我们到餐厅参观，吃他们制作的蛋糕；二是下午3点到晚上6点，校长只要有空，就去看望清洁工人。一个如此尊重食堂人员、清洁员工的学校，怎么可能不尊重学生？

在美国学校的亲眼所见，亲身所感，并没有那么复杂，我们也能做到。然而，真正落实起来就那么容易吗？

也许，美国的以学生为本的现象，是国家体制的产物，每时每刻都能感受到美国是"儿童的天堂"。不管是什么肤色的学生，不管起点怎样，教师都不遗余力地促使每一个学生不断进步。

怎样坚持以学生为本的理念，并一以贯之地落实在教育实践之中，体现在教育细节之中？

对于我们来说，"以学生为本"的路还很长。

花絮

在威斯康星太阳草原中学参观时，午餐是学生为我们准备的。开始，我们每个人都感到疑惑——学生做的饭菜会怎样？

在学监和校长的带领下，我们穿过食堂。一千多人坐在这里吃午餐，竟然没有嘈杂之声。

转过一个弯，来到教师餐厅。四个桌子上，餐巾漂亮地叠放，并包裹好刀叉。冰水和茶具已经摆好。桌子上摆放着从学校花园里摘的金黄色的花。"午宴"开始了。先是礼貌地请示我们要什么饮料，然后一份份呈上学生的作品。巧克力蛋糕的形状精致得不忍心吃，空心粉、酥炸葱圈，从颜色上看你就急不可耐地想吃。

看着邻桌津津有味地品尝送上来的一道道饭菜，可我们这一桌的老师还在绅士般地等着。其他三桌已经进入第三道菜了，我们还在喝饮料，而送餐的三位学生已经在一旁等候了。终于忍不住了，悄悄跟威斯康星大学国际处带队老师说了一声。送餐的学生笑了，大家都笑了。原来紧张加忙碌，把我们这桌给忘了。

午餐结束了，五个后厨的学生出场了！通过校长的逐一介绍，我们知道了哪道菜是哪位同学的作品。终于揭秘：这几位给我们制餐的学生在威斯康星州学生餐饮大赛中获优胜奖。

今天的午餐真特别！美国的教育真特别！高中学生，也不是职业学校的学生，他们竟然能制作出这样专业的饭菜，还要进行餐饮比赛。这在中国，我们还没有听说过。

这顿午餐的确难忘。学校的"以学生为本"，也体现在给我们的午餐中！

美国中小学校长的倾诉与挑战

在国内,当中小学校长不易。本以为美国的校长"一心办学"即可,没想到,也这般不易。

一、校长们的倾诉

1. 小学校长

在加州州立大学北岭分校,矮个子、身体结实的墨西哥裔教授塞萨帕罗,开场报告的第一句话就告诉我们,终于不当校长了,现在当教授,感觉完全不同。当校长全天没有休息,整天忙碌,不仅要处理学校一切正常事务,还要解决一些额外问题。比如有些学生请教婚姻问题,你就要好好备课,然后答复指导;比如有些学生问如何拿到美国绿卡等,你都要细致耐心地帮助指导。现在做了教授,很轻松。

2. 中学校长

在芝加哥 Rockford College 学院分校的中学,接待我们的那位高个子男校长

| 我的教育视界 |

开场就说，当校长不容易。他不仅要研究教学，改进课程，还要在校董会提供的资金外，四处筹钱。我们去之前的夜里，他还在忙着帮助解决生病去世的一个学生的善后问题。接待完我们，一会儿他还要去上课。满脸倦容的他很热情地站在那里，给我们讲了30分钟，并认真回答了我们团队成员的提问。

3. 高中校长

威斯康星州太阳草原中学比较富态的女校长也讲了自己的压力。这所全新的学校是家长经过七年的征税最终建立起来的，是当地学区唯一一所高中，共1400多名学生聚集在这里。她说，家长用血汗钱办起了学校，每一处花钱都要小心规划，同时还要定期向学监汇报工作……

看来，不论在哪个区、哪个州，美国校长们的感慨大同小异，即不易。没有人告诉他们要说"统一的话"。他们的这些感慨是真实的流露。但有一点不能忽视，就是尽管辛苦，他们却比较投入，用那位墨西哥裔教授的话说，虽然辛苦，但是丰富了经历，饱满了自己，才有了今天的积累。当然，不想努力当校长的管理者也很多。主要是因为校长要很早

■ 与校长们的合影

到学校，晚上工作到九十点钟，时间控制不了，不能多陪亲人，严重影响家庭生活。

二、当校长的条件

和我们一样，美国坚信教育对孩子的未来有深远的影响，坚持为孩子提供优质的教育，致力于教育品质的提高。为了提高教育的品质，需要提高校长的领导才能。因此人们希望校长有创造力、有热情、有强大的动力、有思想，是学校管理的领袖，可以打造名优学校。因此校长的选拔就成了一个重要的环节。

中国的校长一般是任命制，美国的校长是选举制。在中国有"外行管理内行"之说。在美国，无论什么岗位，都讲究职业化。我国的许多地方，把教育局、学校当作行政部门。尽管我们国家出台新政策，要求十年去行政化，但还需要时间。君不见，在中国，至今上演着某镇委书记当教育局长，非教育部门的秘书长当了某学校校长的现象。这在美国是不可能的。

那么，什么样的人能当校长？以加州为例：校长必须有三年从教经历，本科学历，某个专业毕业，有教学经验。有时候校长从校长助理产生，要求有经验，50人申请，产生1人，大学区从全国范围选，看领导力、经历和教学经验。美国没有所谓的师范大学，当教师的条件是进行本科专业的培训后，经过教师资格考试认定，然后才有资格做老师。

若当校长，你必须读硕士，且必须申请教育管理课程项目等。获得小学校长资格的前提是，要写三篇文章：一篇是人力资源管理的文章，一篇是教育管理及课程设置的文章，一篇是财务制度管理的文章。

之后进行申报考试，合格了，如果有学校需要，就聘发其校长职业资格证书（即校长执照）。如果没有被聘任，所学内容不算，只不过证明你有做校长的资格。

加州州立大学北岭分校的塞萨帕罗教授讲述了自己成为校长的经历："我从

教四十五年，现在当了教授。开始是一名高中老师，对教育基本理解，对学校生活、学生有一定的了解后，我就有当管理者的想法。于是参加校长培训。通过努力，逐渐成长为某一个学区的顾问，获得资格证后，做了校长。接下来，我成了某一个学区的助理，然后成了一个学区的学监，后来成为加州大助教，最后成了教授。我认为这一要求是正确的。没有当老师的经验，你就不可能深入领会每天师生的学校生活。"

她还讲到，之所以被大学聘请做教授，是因为当过校长。因为美国规定：教育学院的教授领导，必须有教学实践经验、管理经验，有多个管理角色的体验。

从这位教授的成长经历中，我们发现美国的校长的确是聘任的。值得一提的是，在美国当校长是一种职业选择，而参加资格培训是能否担任校长的前提条件。所以费用、时间都必须自己解决。而在中国，校长（包括即将上岗的校长）是国家干部，享受国家干部待遇，其参加培训是工作需要，因此由国家提供较好的学习条件和物质待遇。这一点是美国校长所难于比拟的。然而，一切事物都具有两面性。校长培训，对于美国的教育工作者来说是"我要学"，而在中国的体制下，则是行政命令"要我学"，两者的学习积极性是有差异的。

可见，在美国当校长是个人的追求，不是当官，是实现个人追求最大化的方式之一，只要你有这个能力，就有做校长的可能。而在中国，你想做校长，没有"伯乐"的提拔是不可能的。你不想做，但有些时候在"某个要求"下做了校长，也许并不合适。不管怎样，中国的校长容易当，也不容易当。这易与不易和美国相比，完全不同。

从上面的例子我们还能看出一个问题：长期以来，中国选拔干部的标准，一直是"德才兼备"，但由于缺乏明确的选拔标准，在选拔校长时，事实上等于没有选拔的依据。我认为，确立校长的资格可采用两种方式：一是通过教育立法，规定校长的最低要求，并明确校长的职责和权力，以法律的形式来保证校长在管理学校中的权力和地位。可以肯定的是，中小学校长应产生于教师中，但又应高于，至少不低于同级学校教师的学历要求，这是形成校长威望和权力的基础。二是通过建立行政管理人员证书制度来确定校长的资格。

三、工作中的挑战

在中国，当校长面临的困难和困惑很多。美国同样如此。相同的困难是，要尽可能做最全面的规划，尽量将商业和教育相关联。比如问责制，如何做决策，发现、解决问题的能力，对技术发展的了解；财政管理，技术管理，人力资源管理；发明创造力，对外部世界的了解，灵活性，战略思考的能力，前瞻性，韧性和持久性；如何处理冲突和管理，如何充分利用多元化，怎样去帮助别人在事业上有所发展；如何去合作，如何带动下属工作，谈判技巧，如何处理上下级人事关系。

困难基本相同，但由于两国制度和文化背景不同，有些具体困难不尽相同。这先得从美国教育发展史谈起。简要来讲，美国是个年轻的殖民国家，国家的教育始于17世纪，主要集聚在新英格兰地区。由于是多国后裔、多民族组成的国家，每一个州都自己制订教育发展计划。这样面临的问题很多。比如，这个州制定了一套教材和考试体系，而美国人爱搬家，可以预

■ 和美国同学分享作业并课后合影

见，搬到另一个州，孩子面对的教材和考试方式不同，适应之后才能发展。我们学过历史，知道托马斯·杰斐逊，好在他制定教育法案，赋予所有人受教育的权利。

1840年后，民众提出教育改革，以培养优良的国民，控制犯罪，减少贫困。一直到19世纪末，美国的教育才普及全体国民，小学教育获得免费。1918年美国通过法律规定，每一个孩子都要在适龄的时候，接受基础教育。大家知道，仅仅接受小学教育还是不够的。可那个时候，并没有孩子去上中学，而且教程也比较难。到了20世纪的时候，好多孩子开始上高中，受教育的年龄也增长到了16岁。但仅仅接受高中教育还是不够的。20世纪60年代，仅有2%的孩子选择上大学，到20世纪末，这一比例上升了20%，我们把这个过程叫做高等教育文化的普及阶段。

美国的50个州，要对自己的州教育的发展负责。每一个州都有自己的教育厅，负责制定本州的教育法律，聘用人才，选定教材。这就给教育造成了一定的困难，不仅教材不统一，校长还要面临研究制定课程内容的问题。另外，以下几个问题也是目前令美国校长感到头疼的问题。

第一个挑战：生源复杂。美国是移民国家，以加州为例，55%是亚裔和西班牙裔。25%的在校生，英语不是母语，他们上学的外语就是英语。可见，加州办教育，很大的困难是怎样教这些学生学习英语。

第二个挑战：经费紧张，花销太大。美国人要纳税，学校也如此，尤其是加州税更高，钱一会儿就花光了。挣得多，可是税也高，但对贫困学生进行减免。家庭困难的学生怎样教育？美国校长的第一件事情就是募钱。每一个学生的费用是一样的，你要想解决学生的困难，就要想尽各种办法。而美国，20%的学生家庭处在贫困线以下。因此，由于经济能力的限制，贫困家庭的孩子没有办法享受放学后学科以外各种活动的乐趣。在全球化的世界中，这对孩子的未来非常不利（比如就业、经济收入等）。

第三个挑战：特殊教育。11%的学生有不同程度的残障（这里的残障不仅是身体的残疾，大部分是自闭症等心理疾病）。美国有法律规定，确保这些残障的儿童学习。

可以得出结论，加州将仅有的非常有限的钱、贫乏的资源投入到拥有最多的母语学生和最多的贫困生的学校，努力办多元性的学校、挑战性的教育。尽管这样，校长们每天还在学校努力给学生们提供最好的教育。在加州，校长们会告诉他们的学生目前的社会现实，以培养他们的责任心。

另外，不论加州还是全美，美国校长面临的一个大问题就是怎样考核学生，甚至怎样评价学生。全美有一个大讨论，一派认为要考试，另一派坚决反对。目前没有答案，不管怎样，校长在辩论过程中成长了许多。这些问题，归结到一点，即怎样集中资源发展最优良的教育，提供多元的选择，让孩子在选择的过程中受益。

其实，校长面临的挑战不只上面提到的。比如不断学习以提高自己等都需要花时间，花气力。人的时间就像一块蛋糕，切一块，就会少一块。

在美国，看到华盛顿、芝加哥、加州地区的这些校长，我禁不住感慨：天下的校长都一样啊！美国和中国校长都担负着许多艰巨复杂的责任，面临的期望很高，但权力不高，同时还面临种种质疑和多方面的压力。

写到这儿，向美国中小学校长致以深深的敬意，同时也觉得肩上担子沉甸甸的。

花絮

　　尽管当校长不容易,可我们还是从他们的细节表现中看到了其中的乐趣,并感染了我们。

　　我们每次到大学或中学,校长首先是微笑着自我介绍。有的逐一走到我们的前面,一一送上名片,握手,表示感谢。有位校长是女性,很有亲和力,一身白衣,配上鲜艳的红领巾,甚是漂亮。她认识我们的方式也有创造性——以赞美的方式。之前她照着手里事先准备好的我们的名单,逐一念出我们每一个人的名字。她的汉语发音肯定是"美式中文",在差不多的语感中,我们知道了介绍的是自己,然后站起来,表示感谢,并介绍一下自己所在单位,从事什么工作。她一边听每一个人的介绍,同时总要找到某一点进行赞美。比如,我们的衣服款式、发式,我们的微笑……我也情不自禁地赞美了她围的丝巾,并表示欢迎她到我们学校,我将送给她一条漂亮的中国丝巾。北方交通大学附中校长戴文胜急忙提醒我:"你应该说,送上用儿童画绘制的清华大学附属小学丝巾!""对啊,我们学校校园文化物件,其中就有用学生的作品印制的丝巾,那可是请清华美院著名的设计师设计的!"于是赶紧站起来,又补充了几句。校长笑了,急忙补充:"好,我带上学生画的丝巾,一定更漂亮!"

　　校长尽管压力大,但健康积极的人生态度、实现自我价值的追求是永远的。

美国教师的职业倦怠为哪般

在芝加哥罗克福德学院分校的一贯制学校,引导我们参观校园的教务主任身兼数职:学生的导师、教务长、全校的信息技术维护员等。他非常相信言传身教,认为身为教师,应通过亲身示范来赢得尊严和权威。他说:"我每天非常忙碌,但我从没有烦恼,除非自己的工作出了问题需要反思和自我调整。"是啊,没有什么能给人带来烦恼,真正的烦恼来源于人的自我判断出现了问题或迷失。还没有去美国西部,我们便得出一条结论:美国教师很幸福。他们专业较强,有爱心,也很专心。

然而在最后一站——加州州立大学北岭分校,从国际项目负责人苏智欣博士那里听到的情况却有所不同了。也许是因为苏教授是中国人(现定居美国),再加上美国各州教育机制不同,各

■ 一位图书馆的老师把自己的画像和获得的荣誉放在自己负责的图书馆门前,多么幸福和自豪

| 我的教育视界 |

个地区发展情况不同,她的介绍应该比较理性和客观,当然也不排除其个人的局限性。

依苏教授的观点,美国教师的职业倦怠的确存在。尤其是从交流中,我们了解到了美国教育面临的五大挑战,这都会影响教师的教育教学工作。下面具体分析。

一、教育投资少,教师工资低

美国虽科技发达,但教育的地位却不高。虽然老师挣的是美元,可在美国比算是少的,每年大约三至五万。在美国,人们崇拜球星和歌星,却没有人愿意赞美科研人员,更不愿意当教师。我们在美国东、中、西部,每到一处,与学监、校长(无论大学、中学,还是小学)交流,他们都谈到了教育资金投入不足的问题,甚至还嘲笑布什的"一个都不能少"。

在威斯康星州,我们参观了威斯康星大学麦迪逊分校。负责国际事务工作的哈杰德教授说:"前几天我们的市民刚刚罢工,进行游行,抗议州缩减教育经费。"

这就导致了一个问题——好教师难求。比如,跟科学系的教授交谈的时候,我们问:"会不会把最好的学生推荐做教师?"对方回答,

■ 用自制教具为孩子们上课的返聘老师

不会。主要原因还是工资太低。

加州的教授给我们做报告的时候，讲了一个例子："我观察国际比较研究数据的时候，发现美国师范类学生 50% 不当老师。有的因为找不到工作不得已而做。优秀的学生，其导师肯定会介绍到非教育行业。究其原因就是工资待遇低，教师工作难做。怎么重用更多的人才从事教育？要知道在美国，90% 的人不愿意从事教师的职业。"教授在感慨，我们也叹息。

二、学生来源不同，管理麻烦

在美国，学习好的、综合素养高的学生大多是白种人，来自富人家庭；差的是来自墨西哥、拉丁美洲以及黑人家庭的孩子。如何面对差异，因材施教，这对于教师来讲，是挑战，是教育难题。比如英语是某个移民学生的第二语言，在家里，家长们讲的是自己的母语，上学后要讲英语，他怎样学习？学校怎么协调以兼顾种族差异？甚至有的班，一半以上的学生来自不同人种。因此，别看班级里的学生不多，可一个个都是独立的世界，你必须一个个地去了解，太复杂了。

还有残障学生。随着社会发展的复杂性，自闭型的学生，远远要比身体方面残疾的孩子难于管理。怎样满足这

■ 瞧，不同肤色、不同背景的学生在一起学习

些要求？这一项，美国很重视，在加州州立大学北岭分校投资上百万，主要用于自闭症学生的教育研究。如将自闭症分为各种残障等级、种类，研究每种的需求是什么，怎样针对这样的学生实施教育方案，等等。

2011年4月28日下午，我们参观了加州伯明翰社区特许中学。走进一个计算机系的教室，我们发现教师很投入、很认真，他让同学们往前坐，却没有一个学生配合，甚至还嘻嘻哈哈，说笑不止。再看这个班同学的打扮，带着耳钉的男同学，染着粉红头发的女孩，还有的袒胸露背，坐姿就更别提了。用中国的成语形容，那叫"乌合之众"。

从教室里出来，该校的副校长笑了，问："你们对这个班的学生印象如何？"有一位校长回答："很活跃！"没想到这位副校长回了一句："野蛮！"他又补充道，"讲课的这位老师已经70岁了，博士学位，本来早已退休，因为缺教师，也觉得他年龄的原因还能管理好学生，就返聘来任课。这里的老师太不容易了！"

三、州统考，压力大

升学考试应该全国有一个统一的标准，还是各州各自为政？美国是流动性很强的国家，家长们希望统一考试，可是美国人又不愿意统一管理，学校被弄得无所适从。比如教材，我们可以自己选择，可以自己开创性地进行课堂改革，可是，也有州统一考试，考不出好成绩，同样面临压力。

解决问题的一种方法是，一定要建立庞大的评估教育体系，通过广泛的数据来检验工作是否有效，用学生的成绩衡量教师的成果。美国也应该向中国的管理者和教育学习。

再说学生。在美国创新的大背景下，技术是发达的，可是美国人的创新，用了两年就不用了，又忙着做别的了，喜新厌旧。加拿大人说："你们以前的发明很好，我们现在还用呢。"这就有一个问题——学生学习不够专心，也不扎实，总想创新，却不想脚踏实地。这给学生管理也带来了很大麻烦。

四、教师常年自费进修，五年一次资格认定

尽管美国人入学没有年龄限制，无入学考试，但本科学习 4～7 年、硕士 1～2 年、博士 2～10 年。需要说明的是，所有的学费都要自己付。有的学生还要贷款学习。一项研究表明：有的人工作 20 年，还没有还清上学时候所欠下的债。可见负担有多重。在我国，业务培训或继续教育培训是学校、教育局给出钱。即便是这样，我们有些老师也不愿意接受如此"馈赠"。

在北岭分校，一位当过校长的教授告诉我们，在芝加哥和洛杉矶，前两年，45% 的人离开了教育工作岗位。目前他成立了一个公司，做的项目就是成立合作团体来支援教师培训，把最优秀的人员送到教育岗位。这个问题，在美国的小学教师队伍中特别严峻。想进小学当老师很难，但同时，离开小学的却很多。他希望我们带回这个课题思考一下。

另外，在美国，教师必须是在大学本科学习之后，再进入教育学院学习，才能获取教师资格。而且，从本科生到获得教师资格证这一步，很不容易。这样看来，资格证的获得比我们国内难多了。非但如此，5 年后还要重新认定，考试的内容也会因为时代的变化而变化。其实就是考查教师是否与时俱进。

五、老师包班，精力不足

在美国，幼儿园一般都是私立的，许多孩子不上幼儿园。孩子两岁零九个月时可接收，但前提条件是孩子自己会上厕所，否则不收。苏教授讲，大学是没有附属幼儿园来解决你后顾之忧的，你必须自己带孩子。也就是说，没有一点待遇。然而，你若是学生，你有孩子，学校就派人专门管理。因此，美国妇女，包括有博士学位的，有了孩子，就不去参加工作，而去照顾孩子。这样的母亲大多学过教育学，是可以当小学老师的。由于这样的背景，当小学教师的就少了。

美国的小学教师，一般每天六节课，应该说孤军奋战，如鲁滨逊漂流一样，没有同伴倾诉，没有共同教研的时间，上班和学生们在一起，各种学科的课都要完成。由于所教学科太多，不能术业有专攻，一旦自己喜爱某一个学科，就会特殊强调这一学科，造成其他学科偏废。更多的老师让家长完成作业，因学生都不会做。小学老师大多文科出身，数学还会教错，甚至作业也不批改。家长找到教师，教师倒很自然，也不回避，说："我忘记了。"学生做错了题，老师评语是一个笑脸。家长找到老师，老师说："不能改，怕伤害学生。"等到了五年级，美国学生已经完全落后于亚洲的一些学校。

到点就下班——美国的教师工会很厉害，不敢让教师加班，不然就让学校涨工资。教师们为什么离开得这么早？因为他们每天要去打工——老师工资不高。

这让我想起了在国内，大多学校分科教学，还有一个团队，由老教师带年轻教师。学校专门设置教研员之类的管理人员进行业务指导，相比美国老师，自身的专业能得到提高——比他们幸福多了。

■ 正跟我们交流包班心得的是加州贫民窟学校的老师

美国中学老师的课程也特别多，开设政治、语文、数学、外语、物理、化学、生物、科学、历史、地理、社会学习、体育、音乐和美术、职业教育等，教师几乎没有时间批改作业。

尽管如此，我依然看不到老师们脸上的不满。他们说，既然选择了这个职业，就要忠诚自己的选择。多么经典的话！老师们的敬业精神可见一斑。比如美国的教授站着给我们讲课。只见大多数教授两手背在后面，挺着胸脯，目视前面的屏幕，一丝不苟地宣讲着，没有一句口头语，也没有多余的话。他们有一个共同的习惯，就是先从小事谈起，赞美你的领带、丝巾或展示一张有趣的照片，使大家的交流从一开始就处于友善放松的状态，再逐步进入深入的讨论。主讲者每讲十分钟就会问："大家有什么问题吗？我可以随时回答你们的提问。"讲课过程中，他们会提前准备好有关的背景材料或相应表格，并非常恭敬地亲手送到每位听众的手上。交流结束后，讲课人会非常慷慨地为大家提供PPT，他们很看中分享。

对比中西方教育，各有利弊。奥巴马政府曾针对美国教育的弊端提出以下呼吁：

一是教师应该受到尊重。我们都知道，教师不是千人一面的，他们也不应该是这样。但是，长期以来，很多教育工作者被当作系统内的螺丝钉，被视为可替换的普通雇员，其长处与独特贡献未得到承认。不像其他专业性职业，教师的业绩评估没有成为教师获取相应报酬的依据，对他们的专业发展也几乎没有什么影响。此外，大多数成效卓著的教师通常没有因为他们的杰出工作而得到回馈，或承担起更大的责任。

一定要认识到"教师的重要性"。要把教师作为不可替代的专业人士来对待与支持。校长和其他学校领导，以每个教师的业绩为基础，对他们进行全面而公正的评估，让他们接受相关的培训。同时，对教师的评估必须采取多样化的措施，肯定教师取得的成就，为教师提供有意义的反馈，为师资建设与编制决策提供有价值的信息，并更加合理地制定教师的薪酬。教师理应获得公正的评价，其辛苦工作理应获得相应回报。

二是给教师与学校赋权。尽管《不让一个孩子掉队法》帮助学校把重点放在了特定学生群体（处在及格边缘的学生）上，但它的重点更多是惩罚性的，而非赋权。其结果是，教师和学校领导生活在恐惧之中，担心不能在一些关键性考试中考好，担心学生的考试分数如果不够高，就会被贴上失败的标签（甚至学校被关闭）。由于联邦政府早已先入为主地设定好了整改轨迹——"一个尺码适用所有人"——他们便没有改进教学的真正选择。

要为实现学校高目标办学提供更多的经费。对于学生的考试成绩，修订方案采取更加积极、更加赋权的态度，鼓励各州对学生的成绩采用严格的评价体系，对于目标的实现及取得的进步，提供相应的回馈与激励。此外，有志于改革的学区还可以通过争取额外的经费来实现他们的目标——在他们通过当前的常规项目获得经费之外——包括"力争上游计划"、"希望社区"和"投资创新"等。原有的资助贫困学生和残疾学生的项目仍将得以保持。事实上，在奥巴马总统的预算中，K-12（从幼儿园到12年级）教育经费的增长是史无前例的，其中约八成用于既有的项目。

放宽对达到目标的途径的限制。在过去，没有达到AYP目标的学校必须采取事先规定好的措施，而修订方案在战略上则更加灵活，为学校提供了一系列可能的选择。在为教学责任制保持一个高标准的同时，修订方案认识到在某所农村学校起作用的措施，有可能在城市地区或其他地方不起作用。

写到这里，我发现，世界的确是平的！体制不一样，但教师的处境大同小异。

想想我们国家的教师负担问题，我觉得也该拿出切实可行的政策提高教师待遇。其实，无论是加强知识与道德的联系、学习与实践的联系，还是基础与创新的联系，关键还在于教师。从这个角度看，和美国一样讲究科技的中国，怎样给教师最大的尊严，成了当前教育界最需迫切思考的命题。

花絮

在讨论会上,我发表了一番"演讲"。回想起来,大概是:小学老师包班,每天上六节课,面对的就是那么几个孩子。日复一日,太孤独了。他们没有独立的办公室,没有休息的地方,尽管有的学校有茶歇之地。但是三分之二以上的老师是要陪伴学生的。这没有错,我们不是一再强调教师要增加和学生一起的时间吗?然而距离也是美。

在中国不是讲究"团队互助"吗?佐藤学不也是强调"打开教室的大门",教师之间进行教学研讨吗?这些老师没有倾吐和交流的场所或平台,长时间也不利于他们的身心发展。尽管我们见到的老师都是一脸微笑与阳光,其实,从另一个角度讲,学生每天面对的总是一张面孔,对学生也不利。

怎样改变教师的学习和生活模式,应该是一个值得研究的课题。

"中国的学科教师一般都是专职的,这样老师的负担不致过重,而且学生学习也有深度。"一位美国小学校长接着说,"到你们中国,我看到老师的教学很有深度,在我们这里根本行不通。"还有一位教授说:"虽然中学实行走班制,但中国的班主任制度很好,能增强学生的凝聚力。"

美国人的微笑、感谢与赞美

参观美国学校，无论是我们去过的大学、社区学院，还是中学、幼儿园、职业学校，所到之处并无巍巍大厦，更无富丽堂皇，而处处设计成类似家庭的环境，感觉学校的环境创设，如同一个家庭、一个社区。其硬件也具有很强的亲和力。如门厅、餐厅就像家庭的客厅，有舒适的沙发供人休息交谈，电梯不是对开的，颜色也是家居门窗的颜色，仿佛回到自己的家。甚至开会之前，主人一定先主动告知洗手间的方位，墙边提前摆放好大家随时取用的咖啡和果汁。

若说这些独具美国文化特色的景象深深吸引了我的话，触动我的还有美国人的微笑、感谢与赞美。

一、永远地微笑着

这次的美国之旅，美国人给我的第一印象，便是他们的微笑。我发现，不管是熟识还是陌生，也不管你是否在与他们交谈，只要你的视线落到他们身上，哪怕是无意的，那热情的微笑便跃然脸上了，好像早已为你准备好了。自然、恬静、真诚中透着关切与尊重。

美国人的微笑就像定格不动了似的。有篇文章说，有位同胞在美国开出租车,其实按他的能力,可以在国内从事更好的工作。他说美国有两点吸引着他,一点是风靡全国的橄榄球赛,另一点就是美国人那真诚的微笑。此说未免有些夸张,但也并非谎言。

飞机上,空姐的微笑不必惊奇,因为在中国,并不少见。但当你邻座的美国人点头向你道声"你好"时,你会感到特别温暖、亲切。这在国内,恐怕是奢侈了吧。另外,这次美国之行,在正式的场合,总能听到面带微笑的问候:"你好。""你好吗?""我能帮助你吗?""认识你很高兴。"

走过了好几所大学、中学、小学。清晨,迎面而来的老师扬起手臂,大声与你打招呼:"嗨!"步行者则主动道一声"早晨好"或"你好",同时向你微笑致意。校园里,学校老师和学生的微笑无处不在,比如走进图书馆参观,图书管理员的热情微笑让你忍不住想和他们聊上几句。读书的学生,当视线偶然与我们相遇时,也露出微笑,再埋头继续读书。

还有商店里。当售货员为你包裹好商品,双手奉上时,伴着的是甜美微笑。如果说他们的微笑是为了促销,这也不假。我相中了一个小皮包,经询问没有打折,于是决定不买了,可服务员的微笑,依然是甜美的、真诚的,当然更不会给你脸色看。

在美国,汽车给人让路是众所周知的。出于习惯和礼貌,我们每到路口,总是习惯地躲在一边,让汽车先行。但值得赞叹的是,车主人微笑着示意让路给你,几次三番,也便"恭敬不如从命"了。

在好莱坞环球影城,清洁工们一个个面带微笑,清扫整理杂物时还带着快乐的情绪。更有两名男清洁工,一黑一白、一胖一瘦、一高一矮,利用休息时间,跳起了迪斯科,当我们为他们响起一阵热烈的掌声之后,他们马上拉起清扫车准备劳动。那么高高的、胖胖的黑人小伙子从我身边走过,我竖起了大拇指,他伸出手来和我击掌,那灿烂的笑容至今还浮现在我眼前。

还有在参观的缆车上,年龄比较大的司机一直乐此不疲地讲解。我们团队所有成员一边体验电影特技的高超,一边感慨他们的热情。他每天的工作单调

| 我的教育视界 |

■ 瞧，美国人的微笑

重复，走过的路，看到的景，说的话，都是一样的。按理，日复一日下去，职业倦怠应该很明显。君不见，国内一些服务员，你见过他们多少次微笑？你看到的更多的是不耐烦与心不在焉。可这位美国司机一直充满阳光，始终面带微笑。

  我们从威斯康星到洛杉矶，飞机降落时，没有一个人急急忙忙地拿起自己的行李抢先而行，一个个都是微笑着让对方先走。我坐在自己的座位上，打算等着后面的安徽成员一起出舱，没想到我后边的一位先生一边微笑着和我说话，一边站在我后座的位置旁。看我不明白，又通过手势微笑着说了一段话。我明白了，原来是让我先走，他再走。我赶紧起来，走在他前面。走到出口，我准备还一个微笑给他，没想到，他早就用微笑等着我了。想到我们在国内登机，动不动还有拥挤现象，难怪有一位外国人奇怪地问："飞机不是一个人一个座位吗？哦，中国人是带着使命来地球的，都这么急……"

微笑感染着微笑。头几天，团队中的局长、院长、校长们的表情严肃矜持，几天下来，被美国的微笑热浪感染了，大家的表情放松了许多。面对美国式的微笑问候，我们也能积极地回应了。

二、不停地感谢着

因为微笑，自然语言就有感情而不是情绪。我发现美国人出入公共场所用的最多的语句是"对不起"、"谢谢你"。走在威斯康星州麦迪逊的街道上，一位女士和我擦肩而过，本来是我的背包碰到了她，可是她却说"对不起"，当我示意对不起的时候，她反而说"谢谢"！

美国教授给我们讲了一个例子：美国人和日本人或中国人谈生意，每一次都发现对方不说话，以为自己不热情，有什么想法。于是比刚才更加热情地表达，没想到，对方一边听一边提取美国人的重要信息，最后只说一句"谢谢"。他接着又说了一句："你们中国人心眼多。嘴上不说，心里却算计最后该怎样出手呢。"

其实，不是国人没有热情尽是冷漠。同是处于世纪之交的大国，同是向往和平和文明进步的人民，由于不同的国情，不同的历史，不同的文化底蕴，中美两国有相同之处，又有着根本的不同。只是中国人讲究含蓄，热情在心里；美国人习惯于表现，热情溢于言表。中国人有至亲不谢的传统，把感情藏在心里，如果多谢了反而见外。有些时候，过于外向，表达感谢有些过头的时候，会惹来批评，认为这是形式。

我们已经比较爱表达了，起码每个节日大家会彼此问候。比如手机里，我们都能收到来自朋友的问候与感谢，但当面说感谢话还是没有成为自觉。在美国不一样，夫妻之间、父母和子女之间，有任何帮助都要说声"谢谢"，对于外人更是如此。就连妈妈给孩子添饭穿衣，孩子接受的时候都会习惯地说声"谢谢"；先生吃太太做的饭，末了总要说句"谢谢"，并恭维饭菜好吃。在美国你接受任何人的服务，不管有偿无偿，均须说："谢谢你！"

我到商店买东西，不但获得赞美，必定还有一声："非常感谢！"你到饭店吃早餐，服务员不但微笑，看你把一次性餐盒扔进垃圾桶，他们会高兴地说："非常感谢。"

你到学校参观，不用说，校长的第一句话肯定是"感谢光临"。结束参观的时候，他也一定会说"谢谢光临"。就连教授、校长作报告或介绍情况的时候，嘴边总是不停地说"谢谢"。讲毕，接受我们代表团礼物的时候，他手捧礼品，不停地感谢。

"谢谢"成了美国人的口头禅。

"感谢"是我们生活需要的良好氛围，也是我们生命必须体现的圆润。感谢之心，久而久之会化作感恩之心，这是我们人生显耀本色的升华。

中国人不缺微笑与感谢，但要养成习惯才是最重要的。有些时候，不要把"内向"当作深沉，勿要把"外向"当作肤浅。我们要改变自己的表情，微笑起来；要改变自己的话语习惯，从"你吃了吗"，改为"你好"；要把感谢挂在嘴边，要改变自己的心态，用欣赏的眼光看待一切，发自内心地赞美你所见的一切。

我们之所以心累，是因为常常徘徊在抱怨和索取中；之所以会烦恼，是因为记性太好，该记的、不该记的，都留在记忆里；之所以会痛苦，是因为追求的太多；之所以不快乐，不是因为我们拥有的太少，而是因为计较的太多。中国有着上千年尊师重教的传统，中国孩子有着全世界公认的族群大脑优质遗传的基因，可同样的付出与劳苦，师生和父母的内心感受却如此不同。我们为什么活着？我们的教育该怎样为人的一生奠定幸福的基础？

三、不断地赞美着

赞美成为了美国人的习惯。

大多中国人会觉得，美国人讲话喜欢用夸大的字眼，赞美某人或某事时，经常会用诸如"我今天看到的最好的"、"这是世界上最好的"等极致的语言来描述。这与美国人从小接受的教育方式有关。美国人教育孩子向来是以鼓励、夸奖为主,从学校课堂到家庭,孩子无不在鼓励、赞许声中长大。孩子把赞许当成了一种行为方式传承下去,就形成了全社会的赞美文化。

这种赞美式教育在美国的历史并不长。在经历了越战、水门事件、石油危机、经济萎靡等"挫折"之后的80年代,美国进入了一个重树信心的时代。1984年的洛杉矶奥运会之后,整个社会发展呈上升的势头,人们开始把教育问题提高到了人格自尊、国家尊严的认识高度。

一些美国人认为,提高自尊是人生成功的重要前提,一些育儿专家、心理学家和教育工作者的宣传、鼓励更强化了这种观念。于是"赞美"一词成为人人挂在嘴边的时髦字眼,有些地方甚至出现了"赞美培训班"。

■又到一所学校,所见还是欢乐与微笑

我们知道，孩子不是打出来的，是赞美出来的。一些心理学家和教育学家认为，赞美对一个人的身心健康发展十分重要，因为从小就觉得自己没用的孩子会在心理上先垮掉，这往往会为犯罪埋下伏笔。但他们同时也指出，赞美与提高自尊并没有必然的联系，不适的夸奖和赞美非但不能提高孩子的自尊，反而会使孩子对自己的能力产生怀疑。在赞美环境中长大的孩子与遭受过批评的孩子相比，更难承受批评和挫折。而当一个人走向社会、独立生活的时候，周边的人也不再会像对待小孩子一般对待他犯的错误，这时，往往会产生巨大的心理落差。对此，唯一的办法就是把成长中的挫折教育这一课再补上。

在加州州立大学北岭分校，苏教授认为美国有美国的弊端，中国有中国的好处，这就叫"美中不足"。就赞美来说，致使一些教师不再用象征不及格的红笔打分，不再纠正学生的文法和拼写错误。她的女儿作为老师，竟然没有一处修改，或者一句评语也不写，只画上了一个笑脸。看来对于赞美，关键要把握好度的问题。

但任何时候，赞美永远是最好的精神营养品。

在与威斯康星州太阳草原中学的高中学生座谈时了解到，高中学生一天上7节课，课间休息10分钟，学生根据自己的课表跑班，时间非常有限。中午休息40分钟，包括去洗手间、与老师同学做简短交流、用餐等等。下午3:30正课结束，接下来是选修课和社团活动时间，每个学生都根据喜好选择参加。晚上6点左右离校，平均每天在家要做3小时的开放性作业。大部分高中生每天大约晚上11点才能睡觉。

即使是这样，美国的学生在表达对学校、教师和校长的感受时，仍是由衷的赞美和感恩。下午学校专门安排了和高中学生的座谈会。在交流中，有一位高三男同学说："学校不仅关注学生的学业成绩，更关心学生的心灵成长和体育艺术等的发展，为每一名学生创造学习机会。"一位黑人女学生告诉我们："学校有许多学生俱乐部，提供学生与社区居民交流互动的机会。"一个高二女孩也讲道："学校开设大量的选修课程，为每一名学生的兴趣发展和人生规划提供自我认识、发展和成功的机会。每个人在走出校园之前就已做好自己未来的规划和准备。"

还有一个女孩的用词很有特点，她说："我热爱学校的很大原因是因为每一位教师都在助推你向前发展，克服困难，你发展慢了一些也不怕，教师会不断启发你并随时给你信心和灵感。""推你向前"——这个"推"字有力量，更有温暖。总之，十多个学生在发言中一再表达：学校的课程非常丰富，让他们见识到不同人群和多元的文化现象。每位教师都非常有激情、热爱教育，在偏远的地区为他们提供现代化的信息营养，使每一个人都不封闭。

在美国，无论学监、校长、教师、学生还是社区居民，我们始终没有看到一张压抑、紧张的面孔，大家各司其职，乐在其中。因为他们都是在主动发展、个性选择中承担着自己所期望的责任，他们非常清楚自己的人生规划和现实价

■在我们住处，遇上在美国的印度人婚礼狂欢的场面

值，他们对自己的现状和未来具有很高的认可度与发展信心。正如人大附中西山分校舒校长所言："他们承受，他们快乐，是因为他们懂得，人为什么活着，怎么活着。解决了人活着的意义，劳苦就不是个痛苦的问题了。"

"能主动把爱表达出来"——这是清华附小《纲领》中的一句话。在学校2010年的寒假结业式和2011年春天的开学典礼上，我们用"微笑、感谢与赞美"强调附小人要有这样的习惯，把它融入自己的生命血液里，外化为一种自然的习惯。

这几天，我不断地去发现团队成员的独特之处，然后试着去赞美。自然，大家都觉得舒心而快乐。四川成都锦江教育局局长卢秀梅发现了这一点。我说，这是受清华附小人的"微笑、感谢与赞美"的影响。

老师们，把微笑、感谢与赞美都表达出来吧！

花絮

在加州沃恩学校参观。这所原来的"贫民窟"学校,现在成为州重点学校。曾有州长、议员来过这所学校参观,校长还被请到白宫接受礼遇。看来这是一所有故事的学校。

在相关负责人的带领下,我们分别参观了幼儿园、小学部、初中部、高中部。印象最深的是小学部四年级的一位男教师。这位男教师30岁左右,他正和学生上课,看到我们后,马上和学生们一起微笑着打招呼。

华东师范大学的一位教授采访了他一些问题。知道他一天上6节课,一周有35节课。他除了要教英语、数学、体育,还要教音乐、美术——总之是一个全职教师。不过在他充满激情的表达中,我们了解他正在向"全能"进军。

看到他一脸的阳光,丝毫没有倦怠。我很感动。在后来的座谈会上,我表达了对这位小学老师的赞美。没想到,校长和老师在交流结束分手的时候,不住地对我说一连串的英语,比如类似"you are an angle"的话。翻译告诉我,她们是在赞美我,夸奖我是个美丽的老师。同时也相信我的心灵一定也美,因为我是那么善于发现别人的长处,并说,会把我对那位老师的赞美传递给他。

赖特、海明威、乔丹风光的背后
——芝加哥见闻散记

到了芝加哥,才知其名是美洲土著部落的语言"发出恶臭味的洋葱土地"之意。也许这里很早就种植洋葱,但如今作为美国第三大都会的芝加哥不再是洋葱之地,而是美国乃至世界的经济贸易中心。芝加哥大学诞生了81名诺贝尔奖得主。不仅如此,它还造就了众多政界名人,比如奥巴马和希拉里等。

这里想说的不是他们,而是赖特、海明威、乔丹。他们的故事让我思考:名人风光的背后,有没有"洋葱味道"的宿命?

一、赖特

> "每一种材料有自己的语言,每一种材料有自己的故事。"
> ——赖特

芝加哥郊区,橡树小镇静谧幽静。驱车四十分钟,便来到赖特故居及其工作室。对建筑比较感兴趣的人一定对赖特(也有翻译叫"怀特")这个名字非常熟悉,这位跨越十九、二十世纪的最伟大的美国建筑大师之一,被称作二十世纪的米开朗琪罗、美国建筑史上的林肯。

■ 在赖特故居前

赖特设计范围涉猎极广，其中有大量的住宅、各种公共建筑、办公楼和教堂、露天花园和美术馆等。

他还亲自设计家具和装饰，以配合他的设计理念。赖特一生共做了400多个建筑设计，对美国乃至全世界建筑界都产生了极其深远的影响。他独创"大草原"和"美国风"住宅。早期的"大草原"建筑在金融危机之后，与部分美国人憧憬的平静单纯的生活产生了极大共鸣；"美国风"建筑是赖特为理想的、民主的美国所构想的一种有机建筑，主要是为美国的中产阶级设计的，花费较为低廉。

总之，他特别尊重土生土长的美国文化，注重对事物内在的发掘，冷峻地看待流行时尚，设计了大批优美华贵又饱含意义的建筑作品，形成了自己的建筑哲学，为现代主义建筑的发展做出了不可估量的历史贡献。

在芝加哥，赖特也有很多作品。我们聆听着景小平先生的介绍，一路欣赏赖特的建筑风格，最后来到了赖特的家。这是赖特22岁时为自己和家人修建的私宅。尽管在芝加哥开办了个人事务所，但他和第一任妻子以及六个子女在这里生活了十多年。它既是起居室，也是工作室，建筑特点异常显著，平屋顶、宽屋檐、矮房梁，东方风格满溢。灰色调外观，非常低调，一些角落处点缀着有趣的雕塑，让建筑有了灵魂——"建筑就是凝固的音乐"。走出故居，景先生却来了一句："赖特的婚姻是悲惨的。"是啊，刚介绍他有第一任妻子，自然就会有第二任或者第三任。景先生概括讲了赖特的婚姻悲剧。原来40岁的赖特，已经是六个孩子的父亲，一个女人进入了他的生活；他们私奔到了欧洲，他为这个女人修建了他生命中最重要的建筑。然而他们都不知道，死神的镰刀已经悄悄横在了他们通往乌托邦的路口……

邻居钱尼先生和太太请赖特为他们设计住宅。钱尼太太虽然受过大学教育，当时的妇女解放运动也还在争取选举权和同工同酬，但结婚后，她跟当时所有的妇女一样，做起了家庭妇女，生了一双儿女，在家里相夫教子。可她有着独立思想，总想做些什么，来找到自己在社会上的位置。赖特碰到她就被吸引住了，从此用为钱尼设计住宅的工作做幌子，开始了婚外恋。最终钱尼太太抛下丈夫以及儿女，赖特抛下太太和六个儿女，两个人私奔到欧洲。当时的社会还相当保守，这样的事情简直就是天大的丑闻，芝加哥大小报纸把他们当作了攻击的对象。

在欧洲的两年，两人有了自己的爱巢，生活得很开心。后来两人分别回到美国，过起了自给自足的生活。天有不测风云，回到美国后第三年的夏天，一个工人发疯，一把火和一把斧，送掉了七条人命，其中就有钱尼太太和她的两个来度暑假的孩子……

想起赖特说的："每一种材料有自己的语言，每一种材料有自己的故事。"每一个建筑都有自己的故事，每一个人都有自己的故事。伟大的建筑下面掩盖了两个女人的悲剧（据说他的情人很多），却垫起了他的高度。我为爱他的女人叹息，为女性的尊严敬畏。透过眼前的建筑，看到天才赖特背后的人性缺陷。从某种意义上说，赖特是浪漫的暴君，是女人的陷阱。

二、海明威

"人，生来就不是为了被打败的……"
——海明威

海明威也诞生在橡树小镇，直到十九岁时才离开这里。站在海明威出生地门前，采一片古树的叶子装进收藏夹。我沿小路走上台阶，隔窗而望，想象他的童年。路上，景先生也提到了他的命运。

■ 在海明威的故居前

学过中文的我对海明威并不陌生。海明威就出生在眼前所见的房子里。橡树镇北面是大草原，西边流淌着长长的普莱茵斯河，唯独东面紧挨着大城市芝加哥。当年海明威就是在门前的那条小路上玩耍，并沿着它走出了小镇，走向了世界。

中学毕业后，海明威在美国西南的堪萨斯《星报》当了实习记者。他出版了许多作品，其中最有名的是《太阳照常升起》——写的是流落在法国的一群美国年轻人在战争中的迷惘，被称为"迷惘的一代"。这部小说是海明威自己生活道路和世界观的真实写照。海明威和他所代表的一个文学流派，因而也被人称为"迷惘的一代"。

第一次世界大战爆发后，海明威怀着要亲临战场领略、感受战争的热切愿望，加入美国红十字会战场服务队，投身意大利战场。伴随着荣誉的，是他身上237处伤痕和赶不走的恶魔般的战争记忆。大战结束后，海明威被意大利政府授予十字军功奖章、银质奖章和勇敢奖章，获得中尉军衔。

第二次世界大战爆发，海明威无法再过宁静的生活了。他以战地记者的身份奔波于西班牙内战前线。在第二次世界大战期间，他作为记者随军行动，并参加了解放巴黎的战斗。太平洋战争爆发后，海明威立即将自己的游艇改装成巡艇，侦察德国潜艇的行动，为消灭敌人提供情报。1944年，海明威随同美军去欧洲采访，在一次飞机失事中受重伤，但痊愈后，仍深入敌后采访。第二次世界大战结束后，他获得一枚铜质奖章。

这期间海明威发表了《丧钟为谁而鸣》。这部作品是海明威中期创作中思想性最强的作品之一，在相当程度上克服和摆脱了孤独、迷惘与悲泣的情绪，把个人融入社会中，表现出为正义而献身的崇高精神。后来发表《老人与海》，热情地赞颂了人类面对艰难困苦时所显示的坚不可摧的精神力量。小说体现了人在"充满暴力与死亡的现实世界中"表现出来的勇气，获得诺贝尔文学奖的原因是："因为他精通于叙事艺术，突出地表现在他的近著《老人与海》中，同时也由于他在当代风格中所发挥的影响。"对于这一赞誉，海明威当之无愧。

但名人总有怪癖。海明威一生勤奋创作，早上起身的第一件事，就是进行写作。他写作时，还有一个常人没有的习惯，就是站着写。他说："我站着写，而且是一只脚站着。我采取这种姿势，使我处于一种紧张状态，迫使我尽可能简短地表达我的思想。"

如果说上面的英雄事迹让你赞佩，他写作的怪异可作特点的话，他的婚姻也许让你无法接受。

第一，海明威十年要恋爱一次。他曾经坦白说，自己每十年就会恋爱一次。他是那种把遇到的每一个漂亮女人都看成是他的"生命"的男人。

第二，处理婚恋关系时，他总是一方面维持现有的婚姻，同时又跟另外的女性来往，以防妻子一旦移情可能给他带来寂寞和痛苦；或者是在妻子可能与他离异之前，就先将她抛弃。有人说在海明威身边，女人完全没有安全感，嫁给他就是嫁给了冒险，准备着随时被他抛弃。

第三，表面强大、内心脆弱的海明威时刻摆出硬汉子姿势照相，处处用大胡子、打猎和枪包装自己，"硬汉"成为了他的"标签"。其实他脆弱而敏感，孤独而痛苦。一位女性更是直言不讳地将他的"丈夫气概"斥为"像一张假支票"。

第四，他不是一个好父亲。海明威一生要么完全投入自己的创作世界，要么沉溺于酗酒、打猎、捕鱼、追逐女性和斗牛等奢靡社交生活，而他的孩子不但要承受他的多变婚姻，还要忍受父亲的长期缺席。这促使他的儿子格里高利死于狱中。这正印证了那句话："他人即地狱。"

后期海明威患有多种疾病，给他身心造成极大的痛苦，没能再创作出很有影响的作品。据说他是个ED患者，这使他精神抑郁，形成了消极悲观的情绪，最终以自杀这种方式解脱了自己。海明威拥有经历战争的辉煌战绩，也有"辉煌的女子世界"，但同时又无法摆脱悲惨的内心世界。

可见，就其本人，他的命运是悲剧。"人，生来就不是为了被打败的，人能够被毁灭，但是不能够被打败"这句话，不仅激励着别人，也是他对自己命运的一种反抗吧。

三、乔丹

"我可以接受失败，但无法接受放弃。"

——乔丹

中午来到芝加哥公牛队联合中心，感觉比较亲切，因为我也算半个篮球迷。芝加哥公牛队绝对是在全球拥有最高知名度的 NBA 球队之一。喜欢公牛队中因生病过早退役的魔术师约翰逊，以及"重型坦克"巴克利。记得产假在家，他们的每一场球赛，我几乎逢场必看。

我在乔丹塑像前留影，看着"飞人"迈克尔·乔丹的塑像——这位 NBA 历史上最伟大的球员，身披公牛队 23 号球衣，轻灵而又霸气，姿势优雅，集力量、艺术于一身。

景先生说："乔丹的父亲死于抢劫。当得知死在他们枪下的居然是乔丹的父亲时，两个穷凶极恶的凶手追悔莫及。罪犯至今被关押在芝加哥的监狱里。而乔丹也因为这个退出 NBA 不打篮球而去打棒球了。因种种原因，过了几年，他又重返 NBA 并创造了神话。当他带领公牛队时隔两年再次夺得总冠军，使芝加哥联合中

■ 在乔丹效力的芝加哥公牛队的球场前

心成为世界上最沸腾的地方时，乔丹抱着篮球，滚到地板上，失声痛哭。这天，是父亲节。芝加哥的人们这才知道，两年多的时间里，失去父亲这份巨大的痛苦曾怎样折磨着他们深爱的人。每个人的心都被揪痛了，泪水流了下来——为乔丹给他们带来的无尚快乐，更为躺在地板上的那个悲痛的男人。"我知道他在哪里，我知道他在天堂里看着我打球。"乔丹说。

如此爱父的乔丹却不爱自己的妻子。他与一起生活了17年的结发妻子胡安妮塔共同发表声明，宣告离婚。就这样，"飞人"的另一面暴露于公众面前。

尽管与乔丹的婚姻让胡安妮塔拥有了豪宅、游艇、珠宝，但她唯独缺少了丈夫完整的爱。据说她至少已掌握了乔丹和"半打"以上女人交往的记录。其中有著名模特、体育明星、甚至艳星……这是妻子最难以接受的地方。没有人知道她究竟承受了怎样的苦痛与绝望，但这个独立的女人开始努力使自己活得更加真实，而不是完全在乔丹的旋风和光环下。20世纪90年代中期，她坚持为 CNS 写了18个月的每周文艺专栏，她还是很多慈善团体和文化活动的名誉主席。

乔丹的成功与女人有没有关系？他曾说的家庭是他成功的堡垒，如果不是假话的话，是不是成就他的真实写照？他和那些情人们的故事，是不是成功后所表现出来的理所应当？好多人评价乔丹完美并神秘捉摸不透。谁曾想他也是负心的男子。再一次为和他交往过的女子叹息，这些女人充其量是他生命的过客，他留下的是无情。

离开芝加哥，一种奇怪的心思挥之不去。原来这个"充满恶臭味的洋葱之地"，有着这样的令人匪夷所思的故事。风光的名人背后有多少个不被理解的故事？故事本身让我们充满多少困惑与感慨？我在想，名人身上的"弱点"或者说"缺陷"，是不是人生的一种平衡？就好比太阳，再高也有阴影一样？人要想完美，应该在浪漫与底线中寻找怎样的克制和约束？这些"遗憾"或"缺陷"，能否用教育拯救或改变？

我还想，他们的问题是不是道德问题？这些是不是应该经受谴责？然而，另一个悖论是,如果没有如此"放荡不羁",会不会有那么精彩的建筑、文笔、扣篮?该同情他们还是唾弃?还有,评价一个人,能否因突出的业绩而忘记、原谅他的过错?说他们是出于生命的本能,那么,前文的思考又一次浮在脑际:这些名人的命运到底是不是"发出恶臭味的洋葱"的宿命?

人,难以捉摸;人性,好比钻机,总是探不到底处。问题还没有找到答案,这些无厘头的断想,就好像芝加哥的名字,让人感到怪怪的。

> 花絮

到芝加哥大学参观，我们参观了"奥巴马故居"。

说是参观，不如说是隔窗而望。你只能在马路的对面，不能走近，更不能进去。这幢两层红砖灰顶的独居小楼临街而建。据说芝加哥一房地产商近日推出"买房和总统做邻居"的项目：一座紧邻当地"奥巴马故居"的大房子已经上市等待买主。这座"大屋"始建于1973年，当年售价3.5万美元，总共拥有17个房间，如今估价在100万~250万美元之间。

不过，同奥巴马做邻居并不是什么好事。首先，无论总统是否在家，这所故居周边的街道都被严密封锁起来，住在这里意味着要经常受到保卫人员的"骚扰"。其次，即便有钱，也必须通过严格的背景检查才能购买到这座位于"奥巴马故居"旁边的大屋子。此外，自从入主白宫后，奥巴马一家极少返回自己位于芝加哥南郊的老宅子居住。然而，即便是这样，也被保护起来。

"千万别过马路！"景先生喊了起来。由于大家拍照心切，想贴近"奥巴马故居"近一些。"再走两步，警察就会把你带走了！"大家"嘘"了一声，赶紧逃回马路一边。

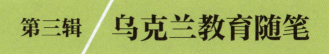

第三辑　乌克兰教育随笔

尤先科总统的贺信

从莫斯科一路转机，经历二十多个小时后，好不容易才到达乌克兰，没想到入境的时候竟然被拦截审查。同行的北京师范大学肖甦教授的解释是，海关人员担心我们是偷渡的。

凌晨时刻走出机场，环顾四周——这竟然是首都的基辅机场？其建筑设施，甚至还不如我们国家某些二线城市的机场那么现代。

挤上小面包车，晃晃悠悠到了乌克兰教科院宾馆。第二天上午九点，参观了苏霍姆林斯基的博物馆。下午经历了五个小时的长途跋涉，终于从首都基辅来到了基洛夫格勒市。苏霍姆林斯基从教三十二年的帕夫雷什中学，就在这里的帕夫雷什小镇上。想到这里，走到这里，顿觉离他近了，心中沁出一份亲切来。

第三天，带着一份景仰，伴随着乌克兰民族音乐，我们走进基洛夫州政府会堂。这里即将召开隆重的"纪念苏霍姆林斯基诞辰90周年国际研讨会"。

会堂走廊里呈现着苏霍姆林斯基的生平，展览着他的著作，再加上标语、鲜花、流动的人群，我心中愈来愈深的敬意不可名状。再看走在身旁的人们，每个人的衣着都显得高贵得体。男士身着西装或质料考究的大衣，女士身着合体、别致的带有乌克兰特色的正装。由于这里是没有完全开放的区域，我们也

■ 在纪念苏霍姆林斯基的演唱会上

穿着正装在固定的贵宾位置上就座——可是格外显眼——气质、长相和他们太不同了。

不禁想,不同的国籍、不同的肤色、不同的语言,所有的人都赶到这里,却为了同样一件事情——纪念苏霍姆林斯基。想到这儿,心里涌起一阵感动。

坐下来,抬头看见主席台左上方悬挂着的苏霍姆林斯基肖像,一如往常在教育著作上所见到的苏霍姆林斯基,脸上露出孩子般纯真的浅笑,安详地注视着我们。那一刻,我就好像成了帕夫雷什中学的学生,心里无限感慨:做他的学生该多幸福啊!

开幕式上,让我感触最深的是乌克兰教育部部长宣读的尤先科总统的贺信。经由苏霍姆林斯基女儿卡娅的学生夏蓝天的翻译,我听懂了贺信的大意:

感谢大家来到乌克兰,来到这座因为有了苏霍姆林斯基而骄傲的城市。你们之所以来到这里,是为了纪念苏霍姆林斯基。是苏霍姆林斯基,让你们认识了、来到了乌克兰。而我们乌克兰也因为有了苏霍姆林斯基,有了像苏霍姆林斯基一样的教育工作者,才培养出了一大批工程师、科学家,以及各行各业的工作人员。正是这些人,建设改造着乌克兰……

不知怎么,我的眼泪竟然流了下来。听,"因为苏霍姆林斯基而骄傲"——这是怎样的评价!聪明的读者,当你听到这样的贺信,你一定和我有一样的感受——敬重苏霍姆林斯基,就是尊重教育啊!

一说到总统,我们眼前可能就会浮现出那种符号化了的威严、忙碌、权力的形象。为一个教育会议写贺信,这贺信传递的仅仅是一位总统的祝贺吗?它反映的是一个国家领导人的治国理念、文化理念,一个民族、一个国家对待教育的态度。

后来回到基辅市后,我们参观了以苏霍姆林斯基命名的一所学校——苏霍姆林斯基实验学校。在那里,我们又听到美丽的总理季莫申科写来的贺信,信中也表达了她对教育家苏霍姆林斯基的敬意。

乌克兰是一个多灾多难的民族,其国土面积是我们国家的十几分之一。1991年,乌克兰宣布从苏联独立。在长达几个世纪的岁月中,乌克兰人民被剥夺了独立发展的权利。乌克兰的土地被波兰、土耳其、俄国等诸多强势邻国先后瓜分或兼并。饱受异族奴役的乌克兰人民渴望自由,期盼成为自己命运的主人。所以这些年不断"寻根问祖",从教育、文化入手,建设姓"乌克兰"的国家。

从2005年底的数字看,乌克兰拥有属于自己的国家级剧院135座,各级博物馆480家,各类图书馆近6万所,有2万多座建筑物被列为国家级文物保护单位。在当时,对于这个独立才十几年,且一穷二白的国家来说,这是多大一笔"财富"啊!

乌克兰的教育体制覆盖100%的人群。和我们国家一样,主要由学前教育、普通教育、职业技术教育、高等教育组成，还有校外教育、继续教育、副博士研究生教育、博士研究生教育、自学教育等。乌克兰有一千多所高校，其中国立基辅大学是"欧洲十大名校"之一，还有蜚声世界的柴可夫斯基音乐学院。

乌克兰的高等教育是由国家来负担的。如果学生自己承担费用则可以免去大学入学考试。在国家承担学生大学学费的情况下，学生在每个学期末的考试成绩达到4分（学分是5分制），即可以获得一定数量的奖学金；如果学生的考试成绩达到5分，奖学金的数额即增加25%。

曾有朋友的孩子想出国留学，发现乌克兰对留学生只设立了极少量的奖学金项目。这主要是因为乌克兰一直采用免费教育制度，本地学生的学费和住宿费都是由政府负担，学生不存在因为经济问题而无法进入大学学习的问题，所以，也就不必设置过多奖学金。而对于外国留学生来说，才有学费和生活费的问题，而这些必要费用的额度很低，即使是中国的工薪阶层家庭也可以较为轻

■ 在乌克兰首都基辅标志性建筑前留影

松地承担。

有一个细节让我一直念念在心。在好几所学校里考察，我发现教师都显得比我们从容、精神，丝毫看不到我们在国内常常看到的那种疲惫不堪的样子。还有，让我吃惊的是，并不是因为苏霍姆林斯基伟大，才专门给他设立博物馆；我们参观的每一所学校，都设有教师博物馆，博物馆丰富的资料，记录着教师的工作历程，反映了教师的点滴成长。

想起了乌克兰教育部长宣读总统贺信时的那份自然，也想起了苏霍姆林斯基实验学校校长宣读总理贺信时的那份轻松。我仿佛看到，这些国家领导人，就站在乌克兰教师的身边，微笑着，微笑着……

写到这儿，我突然回想起基辅机场的陈旧、简陋，禁不住释然一笑。

一切都是民族的

在乌克兰短短的几天里，无论是在基洛夫州政府会堂，还是在帕夫雷什小镇，又或者是在基辅的苏霍姆林斯基实验学校和基辅国立师范大学，在帕夫雷什中学，我们总能看到专场文艺演出。

每一场演出，都以歌舞为主，场场都会有学生表演的"旋风舞"——这是享誉世界的乌克兰民族舞蹈，富有动感，技巧高难。除此之外，还有很多其他的舞蹈形式，但都体现了乌克兰民族从狩猎、农耕，直至现代文明的发展历程。乌克兰歌曲也不绝于耳，它始终贯穿着"爱我乌克兰，爱我乌克兰人民"的主旋律。起先，我很惊诧，为什么听到的每首歌里都好像有"乌克兰妮娜"（Ukraine，我们简称"乌克兰"）这样的音节？陪同人员告诉我们，孩子们用乌克兰语唱歌，而不是俄语，他们在歌唱自己的民族——乌克兰。

乌克兰的中小学生，下午都有艺术进修的时间，其中一项是学习乌克兰历史与文化。他们被要求会唱民族歌曲，会跳民族舞蹈——总之，乌克兰教育的一个重要目标就是在孩子的身上打上民族的烙印。

从帕夫雷什中学回基辅的路上坐车要五个多小时。车上，我们一个个昏昏欲睡，而前来参加会议的乌克兰教授、专家们，一个个都唱起了悠扬的乌克兰民歌。他们一边喝酒，一边歌唱，还适时加上动作——歌里流淌着他们对祖国、

■ 学生们在表演乌克兰民族舞蹈

对母语、对生活的热爱，欢乐的气氛弥漫了整个车厢。听他们唱歌，谁都会感受到这个民族的快乐。

我们被深深感染了，不禁送去了微笑。兴许他们从中捕捉到了默许快乐的信息，便"逼迫"我们和他们一同演出。于是大家唱起了《莫斯科郊外的晚上》、《三套车》、《喀秋莎》和《红莓花儿开》等经典苏联歌曲。因为高兴，一位教授动作夸张，竟然把我手里的咖啡碰倒在我的白风衣上，白风衣顿时出现了一个彩色的图案。

晚上宴会后，他们又唱起了民族歌曲，跳起了民族舞蹈。我发现，这个民族，总是情绪饱满，总是唱得热闹欢畅，跳得兴高采烈。不仅如此，他们还愿意把快乐拿来分享，似乎生怕有人感受不到。所以，他们盛邀我们到宴会厅中央表演节目。同行的李镇西老师唱起了北京奥运会主题曲《我和你》，而我被一位教授邀请跳起了舞蹈……

如果仅仅以此来印证这是一个民族情感很浓的国家，那就显得过于简单了。其实，这种民族气息布满乌克兰人民生活的每个角落，他们的衣、食、住、行，样样都有鲜明的民族特点。那绣花的服装，那金色的教堂屋顶，更有那永远不变的语言习惯："我们乌克兰……"

也许可以这样说：乌克兰的一切都是极具民族特色的。那么，在这种随处可见的民族特色的背后有什么呢？陪同我们的彼得诺维奇教授说，它是乌克兰民族强烈的自尊与独立意识。

多少年来，独立建国一直是乌克兰人的梦想。20世纪初，俄罗斯帝国的灭亡使乌克兰朝这一目标迈进了一大步。20世纪80年代后，苏维埃社会主义共和国联盟风雨飘摇，乌克兰终于获得了实现这一目标的大好机会。1991年8月24日，乌克兰议会发布了乌克兰独立法令，确定了新的国旗、国徽和国歌。12月1日，乌克兰举行全民公决，以压倒性优势的赞成票通过了乌克兰独立法令，随后选举了国家总统。就领土而言，当代乌克兰是仅次于俄罗斯的欧洲第二大国。但刚刚独立的乌克兰，仿佛大病初愈，需要时间来恢复元气。它的经济实力和国际影响在欧洲政治经济舞台上，与第二大国的地位极不相称，这当然是和乌克兰民族的历史遭际分不开的。可以说，乌克兰的历史基本上就是一部被压迫民族为生存和保持民族文化传统而苦斗的历史。正因为如此，我深深理解了他们为什么时时刻刻提醒自己是乌克兰人，为什么民族意识如此高涨；也终于理解了尤先科总统在俄罗斯总统面前的强硬态度，理解了总理季莫申科头上总盘着金色的发辫。

在去帕夫雷什中学的路上，广阔的原野给了我满目的绿色。那简朴的农舍，

■ 学生们在路上欢迎我们

再加上不太宽的公路,让你觉得这个国家很"乡村"。向远处望去,原野的尽头是密密匝匝的丛林,显得很原始。就连城市里的好多工厂,也显得很破旧;还有地铁,也让人感觉很古老。但不管怎样,这是一群"有根"的人,他们牢牢守住民族的"根"。也许,已连续召开了十五届的"纪念苏霍姆林斯基"研讨会,就是对属于自己民族的教育的自信与宣扬,对某种民族精神的确认与守护。我相信,他们一定会走得非常稳健,走得非常长远。

■学生们为我们弹奏乌克兰民歌

教师博物馆

乌克兰是一个尊师重教的国家。跟着苏霍姆林斯基女儿学习12年的中国博士乌云特娜说，他们国家有一个传统就是对教师的尊重胜过对医生的尊重。只要家里有当教师的，就会成为受尊重的家庭。在中国，玫瑰花是为爱情而送的；而在乌克兰，人们也给教师送玫瑰花，以表示一份特别的爱。而这种尊重，更体现在乌克兰为教育、为教师而立的教师博物馆上。

在首都基辅的教师博物馆参观，我发现这里也是教师们定期聚会、学习的地方。这个博物馆"原汁原味"地呈现了优秀教师的事迹、论著，包括他们用过的练习本、他们的教案夹等，让人感受到，这是一个个值得自己学习的"模范"——他是真实的，而不是被"宣传"出来的。

怀着一种特别的心情，我在这里观看了苏霍姆林斯基一生的真实记录：出生时，童年生活的村落；和母亲、哥哥等家人在一起；参加"二战"；从事教师职业；和妻子、儿女在一起……教育方面的就更丰富了，诸如工作手记、课堂教学瞬间、和学生谈话的图片、影像资料、出版的著作……真是琳琅满目。

在帕夫雷什中学的苏霍姆林斯基博物馆，除了上面提到的这些内容，我还看到很多非常生动的东西，从苏霍姆林斯基用过的眼镜、书架、书桌、台灯、围巾、毛衣，到他亲手制作的手推车、割草机器；从他和老师们在一起开会讨论的一幅幅照片，到他批改过的已发黄的学生作业本……还有，当时的作家们寄给苏霍姆林斯基的各种著作。博物馆甚至还记录了苏霍姆林斯基借助这些书给家长们上课的情景——他举办了家长学校，教家长们怎样教育子女。

用现任的帕夫雷什中学校长的话说，现在的教师也会使用博物馆中苏霍姆林斯基的书作为自己的教学材料；学校也延续苏霍姆林斯基的做法，请心理学专业人士给家长上一些课程。有些活动，学校会请家长们来当

■苏霍姆林斯基博物馆一角，他当年用过的东西

老师，教不同年龄的孩子。每一次活动的内容都由班长记录在《家长手册》中，保存在博物馆里。

另外，孩子们在每一次活动中都会编美妙的故事，并将其制作成书放入博物馆。最有意思的是，孩子们会表演一个特别的节目——"和苏霍姆林斯基在一起"，然后留作纪念存进博物馆。每一年，孩子们还会把自己的优秀作文或者绘画作品，放入苏霍姆林斯基纪念博物馆。

在基辅的苏霍姆林斯基实验学校，一进门我们就看到迎面墙壁上张贴着所有教师的照片，它们组成两枚大大的树叶，围拢在中间的苏霍姆林斯基照片旁。在这里，除了苏霍姆林斯基的"事迹"，你还能看到其他老师的"工作记录"，

凡是在这所学校工作的教师都有他们的"文物"。用解说员的话说,把这些"标本"陈列在博物馆展览,一是进行教育,让每一个教师觉得自己的一言一行都会被记录;一是宣传,让教师们明白,学校关注每一位教师的存在,关注每一个具体的活生生的人,而不仅仅是"校长"一个人。

这让我想起,为什么我们的学校就没有属于自己的博物馆,有的只是"展览室""荣誉室"。说心里话,我所参观的国内学校的展室,是名副其实的"成果汇报",可谓政治味十足,除了各级领导的题词外,就是各种锦旗或奖杯拥挤在一起,给人的印象主要是当任学校领导在位的"业绩"。有时,学校还会发你一个"画册",里面呈现的也是校长大大的头像,或校长受到某某领导的接见,或学校接受某某领导的视察等等——远没有一点"博物"的味道。究其原因,就是大多学校没有固定的"藏品",或者说"珍品"。有些名校有零星的"老照片",也是不全的。他们常常会临时征集一批展品,举办临时性的展览迎接检查或接待外宾。而这些展览多以近期内容为主,展览结束即退回、交还。

■ 苏霍姆林斯基和孩子们在一起

■ 苏霍姆林斯基和老师们备课的情景

乌克兰的博物馆，一般都有代表本馆性质的固定陈列展览，而这种陈列展览又以文物为基础，同时不断地征集、收藏文物。于是，那里的教师博物馆既有固定的陈列，也有随形势变化的临时性展览。教师们在馆中驻足，在遐想中回到过去，体味过往的酸甜苦辣。在这种生命的记录中，教师们可以积聚力量，获得勇气。

在我看来，教师博物馆的重要意义还在于，它可以记录一个教师队伍的专业发展历程，不断丰富学校文化，同时成为学校文化史的重要组成部分。当后来的每一个教师，仰望着馆中每一个独特的、立体的人的时候，他会去参照，去纪念，更去敬畏。

在基辅的教师博物馆流连，那一个个"物件"折射着特定时期、特定地域的教师景观。这不仅科学、系统地反映了乌克兰教育的发展历程，更全面、深刻地揭示了现代教育的发展状况。因为教师博物馆的这些物品，确凿地证实了教育是怎么走过来的，是怎么实现了对儿童的影响与唤醒，以及对人类文明的贡献。

研究证实，我国有文字和实物证实的学校教育活动已有四千年的历史。可是，当历史的车轮碾过之后，我们回首教育的来处，还能看见什么？哪怕是隐隐约约、曲曲弯弯的"一道辙"……或许，教师博物馆可以成为留存这教育"来时路"的一块净土，乃至可以成为未来教育的"诺亚方舟"！

在苏霍姆林斯基的书房里

苏霍姆林斯基的书房和他的办公室仅一墙之隔,据说这是后来改造的,原来还有厨房、卧室。苏霍姆林斯基一家五口人就生活在帕夫雷什中学一楼狭长的一角里,总共加起来也不过四十平方米。除了睡觉的几个小时外,其他的时间他都在这里——构成他全部生活的除了家人、同事、学生这些生动的人,还有两万余册的藏书。

"无限相信书籍的力量!"每一天傍晚,当孩子们从校园散去,当家人在美梦中睡去,苏霍姆林斯基就在这简朴的书房里开始了他海量的、安静的、一心的阅读。每天清晨五点,他又准时坐在书房里,阅读或写作——直到早晨八点来到学校门口,迎接每一个来上学的孩子……

书房的布局简单而温馨。一对沙发,茶几上一盏古香古色的台灯,旁边放置着苏霍姆林斯基用过的白色小收音机和一部旧式蓝色手摇电话。而书,排满整整三堵墙。所有的书,基本都按照原来的样子摆放着。从书的种类来看,苏霍姆林斯基涉猎非常广泛,有文学的、教育的、科普的……

文学作品是最多的。"俄国诗歌的太阳"普希金的作品这里都有,这为苏霍姆林斯基在诗歌、小说乃至童话等领域的写作提供了典范。不用说,果戈理的、陀思妥耶夫斯基的、托尔斯泰的、契诃夫的,还有高尔基的,这里也都有。除

■ 苏霍姆林斯基的书房

了这些俄国经典作家的作品，还有很多国外作家的作品。

有人说，看一个人的书房，就知道一个人的品位；看一个校长的办公室，就知道校长是不是一个读书人。此言不假，但须细细分析。君不见，有多少校长的办公室像豪华的宫殿，书籍也是琳琅满目，但关键要看他们是否真正读过这些书。苏霍姆林斯基这小小的书房，伴随他在这所学校度过了33年的光阴，这里的每一本书，都被苏霍姆林斯基抚摸过，阅读过。书中的文字与思想，如潺潺小溪，每日不断注入他情感与思想的大河。

这一本本发黄泛旧的书，构成了苏霍姆林斯基的阅读史。只有真切地站在这个属于他的书房里，看到这真实"存在"的书，你才会真正懂得他告诉我们的——"读书不是为了应付明天的课，而是出自内心的需要和对知识的渴求"；"在你的科学知识的大海里，你所教给学生的教科书里的那点基础知识，应当只是沧海一粟"……

当教师的视野宽广到学校教学大纲无可比拟的境地时，教师才能成为教育的真正能手、艺术家和诗人。的确，教师读书的关键，第一要把专业知识转化为专业能力，第二要培养自己的人文素质，提高综合能力。人文素质是人的能力结构中的一个"软件"，软件往往比硬件更复杂，这是计算机领域里的常识。人文素质不仅会决定你的职业状态，还会渗透到你的人格与个性中，影响你的世界观与生活方式，甚至造就你一系列的生活习惯。

驻足苏霍姆林斯基的书房，不禁感慨："问渠哪得清如许？为有源头活水来。"阅读改变了苏霍姆林斯基的人生，阅读成就了苏霍姆林斯基的人生。

在目前这个社会中，君不见小沈阳、周立波、"超男超女"的各种表演渐渐成为社会人主要的消遣形式。而教师呢？他们的教育生活形式却越来越单调。难怪有人说，我们正在培养贫嘴的男人和女人。对于和苏霍姆林斯基从事同样

■ 驻足在苏霍姆林斯基的书房

的教育工作的我们，该怎样在经典阅读中成就自己？该怎样在平心静气的阅读中安放自己的灵魂？多少次我也引用苏霍姆林斯基的话，告诉我以及我的同仁、学生，读书应该成为我们必需的生活。然而今天，站在苏霍姆林斯基的书房，我深感惭愧。尽管大家夸我爱读书，我也曾写过一些关于读书的文字，但说真的，站在苏霍姆林斯基的书房里，我不禁自问：我究竟读过几本书？

书房的隔壁就是苏霍姆林斯基的小小办公室，只容下一张桌子和一个长条沙发。桌子上，一束插花，一张他办公时候的照片，上面还放有他用过的钢笔、笔记本、绿色台灯、眼镜等。同行的李镇西老师拿来眼镜戴上，他甚至感到眼镜上还留着苏霍姆林斯基的体温。我没敢上前试，总觉得自己不配，而是静静地看着，心里想着他戴着眼镜看书或写作时的样子。在我所见到的苏霍姆林斯基的照片或录像中，都没有他戴着眼镜的形象。我自语道：那大概是老花镜吧！我轻轻地靠着苏霍姆林斯基的办公桌，翻开从中国带来的他的《帕夫雷什中学》，读了一段，仿佛在读给他听。而后，我又来到书房，坐在苏霍姆林斯基曾经坐过的椅子上，手捧着他的照片——李镇西老师摁下相机快门，把我永远留在了苏霍姆林斯基的书房。

必须像苏霍姆林斯基一样，从阅读、思考和劳动中寻找力量，找到我们的"诺亚方舟"，并让它载着我们远行，去追寻精神与思想的家园。

走进教育理想国：帕夫雷什中学

帕夫雷什中学，这个以一个村子的名字命名的学校，可谓教育理想国，每年不知有多少人来这里朝圣。在迎接苏霍姆林斯基九十诞辰的日子里，我们也来了。

一、种下一棵常青树

这里原来是教堂，"二战"期间成为后方伤员的养伤之处，后来成了帕夫雷什中学。

我想起当年苏霍姆林斯基和孩子们一起种下的那棵核桃树。帕夫雷什中学的老师告诉我，核桃树就在学校主楼的左边，在一个果园里，现在都已经长成参天大树了。悄悄地，我摘下一片核桃树叶，放入自己书包的夹层里。在这秋天的时刻，叶子依然泛绿鲜亮，仿佛闪烁着苏霍姆林斯基生命的光泽。

果园里还有樱桃树、海棠树和苹果树，整齐地排列着。来到主楼后面，啊，满眼都是树。

就这样走着，看着，想着。这哪里是树，这是一个个学生的身影啊！这些树，都是当年学生们种下的。苏霍姆林斯基有一个要求，第一次来学校就读的孩子，都要种一棵父亲苹果树、妈妈苹果树，甚至是奶奶苹果树。当它们第一次结果子的时候，要摘下来送给自己的长辈们品尝。学校还有一个习惯，就是每一个孩子毕业时也都要种一棵树。

帕夫雷什中学现任校长杰尔卡奇告诉我们，现在学校依然保留这一传统。自然，这次来学校，就有了一次特别的和学生们一起种树的仪式。

我们来到学校后面新开垦的一块绿地。学生们已经穿着端庄的校服在等候我们了。挖坑，下苗，填土，踩实……从今天起，在帕夫雷什中学，也有我生命的播种了。

"用环境、用学生自己创造的周围情境，用丰富集体精神生活的一切东西进行教育，这是教育过程中最微妙的领域之一。"苏霍姆林斯基这么认为，也是这么践行的。这满目的树，意味着帕夫雷什中学的生长姿态，也蕴蓄着帕夫雷什中学的生命年轮。

■ 和同学们种下一棵常青树

二、吃一顿帕夫雷什午餐

中午,我们中国老师一行十几人被安排到帕夫雷什附近的一个餐馆用午餐,可一到那里才知道,因为安排的疏忽,餐馆还没有给我们准备好。于是,杰尔卡奇校长临时安排我们回帕夫雷什中学吃饭。

没想到,学校餐厅的食物特别丰盛。各种烤制的面包很精致,像一件件艺术作品,一盘盘摆在我们面前,还有各种颜色的蔬菜,以及番茄汤。我小心地拿起面包端详,真有点不忍吃下……阳光斜斜地透过窗帘射进餐厅,将一切都镀上一层金色。

杰尔卡奇校长介绍说,学校目前有将近五百名学生,共三十七位教师,中

■在帕夫雷什中学再读苏霍姆林斯基

午都在这里吃饭。四年级以下的学生,一律免费就餐。她还告诉我们,我们现在吃的这些蔬菜,都是学生们自己在校园里种的,面包也是他们自己烤的。校长平静地叙说着,而我们这些听众却激动地欢呼起来。劳动创造智慧。我们不禁脱口而出苏霍姆林斯基曾经说过的话:"儿童的智慧在他的手指尖上!"

苏霍姆林斯基的教育思想中很重要的一条就是"劳动与美"相结合,并将之奉为教育信条。他是从人的全面发展之高度,而不是从智育或德育角度来看待劳动教育的。教育的任务就是让劳动渗入受教育者的"精神生活中去",渗入"集体生活中去",让热爱劳动成为青少年的重要兴趣。只有通过亲身劳动,学生才会正确认识到自己的力量。

在帕夫雷什中学,劳动早已成为一种传统。在每年的"收获节"上,孩子们纷纷介绍自己"劳动与美"相结合的成果,和大家分享劳动的快乐。因美的劳动,帕夫雷什中学的生命永远鲜活。

三、上一次特别的课

午餐后,我和同行的李镇西老师还想去看看教室。当我俩说明情况后,一位女教师笑眯眯地掏出钥匙给我们开了门。

教室呈现的是原生态的样子:温馨舒适,整洁明亮,大约不到二十个座椅——从苏霍姆林斯基时代到现在,这里都是"小班化教学"。这也难怪苏霍姆林斯基能够那么细致入微地观察每一个学生。

教室后边有一个读书角,前边靠窗的右边一角是教师的办公位置。窗台上摆满了盆花,教师的办公桌上铺着漂亮的花布,桌上一角摆着一束花。

轻轻地在椅子上坐了下来,静静地想苏霍姆林斯基在书中讲过的那些教育故事,联想在苏霍姆林斯基博物馆里所见到的,他曾经用过的那些教育用具,于是幻想起苏霍姆林斯基给我上课的情景。一会儿,我站了起来,在桌椅中间来回走了几趟。从讲台前面走到后面,又从后面走到前面,手不停地比划着,幻想着我给这里的孩子上课的情景。

李镇西老师开始"讲课"了,他用粉笔在黑板上写下一行大字:"永远追随不朽的苏霍姆林斯基!"我呢,也情不自禁地写下"我们热爱苏霍姆林斯基"。我想,在这难忘的一课上,我写下的不仅仅是几个字,而是心中的情感,是对苏霍姆林斯基无比的热爱!

有人说,帕夫雷什中学是一部"活的教育学"。这里的树,创造了美;这里的劳动课,使人高尚起来;这里的爱,让人活得幸福、有尊严。原来,这是"活的教育学",而"活"是一种生命的状态,是一种情感的灵动,是一种思维的创造。是否可以这样说,帕夫雷什中学是以人为本的、全身心为儿童着想的家园,是完全纯朴的、真挚的,有着泥土芳香的乐园,是令人愉悦的、放松的学园……

时间会过去,但是,我,一个中国教师,永远不会忘记苏霍姆林斯基,不会忘记这教育的理想国:帕夫雷什中学。

■ 在苏霍姆林斯基曾经教学的教室写下:我们热爱苏霍姆林斯基

把"精神共同体"的智慧发挥到极致

在《帕夫雷什中学》一书中,苏霍姆林斯基多次用到"集体"这个词语。他说,"集体"是一种"精神共同体"。这次在帕夫雷什中学,我感受更多的就是在这个"精神共同体"中苏霍姆林斯基给教师们的积极影响。

一、编织一个学习的共同体

苏霍姆林斯基认为,就教育的整体来说,学校的教育学应当成为众人的科学——不论是教师还是家长。只有融合多方力量,让条条小溪汇聚成江河,才能形成汹涌澎湃的教育洪流。

首先是编织家长队伍。苏霍姆林斯基办家长学校,培训的是家长的教育学知识,而不是"抖搂儿童的内心世界"。

其次,把优秀人员编织到学校教师队伍里。所谓"精神共同体",一定是一个成长的团队,而不是一个固化的组织。苏霍姆林斯基总是积极动员有教师潜质的人成为教师,以不断充实、优化教师队伍。比如,当他确信复员军人亚历山大罗维奇·菲利波夫能成为一名好教师时,就帮助他到函授部学习,还让他协助学校搞课外活动。

其三，也是最重要的，就是引领教师队伍。好教师并不总是能带着自己已经成熟的素养来到学校的，他们也需要引领者的引领。苏霍姆林斯基总是竭尽所能，用自己对教育的热情，唤起教师在精

■苏霍姆林斯基和团队骨干一起研究学校的发展

神追求和研究上的热情。在任命年轻的亚历山大罗维奇·菲利波夫正式成为物理教师时，年轻人提出要建立一个电工室，苏霍姆林斯基欣然答应。虽然说共同体的基本特征是拥有共同的使命、愿景和价值观，但，唤起共同体中每个成员的共同体意识，是需要引领者用心的。

在苏霍姆林斯基看来，集体的智力财富之源在于教师的阅读——真正的教师必须是读书爱好者，这是学校集体生活的金科玉律。因此，读书成了团队的必修课。在40年前的帕夫雷什中学，图书馆藏书1.8万册，教师们的私人藏书共4.9万册。他赞同高尔基的观点，认为文学会使思想丰满深刻，于是推荐阅读列夫·托尔斯泰、契诃夫、荷马、塞万提斯、莎士比亚等伟大作家的经典作品。

除此之外，每一位教师都订有几种杂志（其中包括文艺杂志）和几份报纸，除认真阅读外，彼此间还交换阅览，开展集体讨论。学校还每月两次组织教师轮流作学术报告。

在这个"精神共同体"的感召下，帕夫雷什中学的教师们人人都成了本学科的教学权威，既有思想又有实践经验；人人都是多面手，能够指导学生开展多种活动；人人都能写文章，作学术报告……

二、成就一个有生命力的共同体

共同体一定要有灵魂人物，否则就是一盘散沙，更谈不上"撒豆成兵"的境界。苏霍姆林斯基认为，帕夫雷什中学不仅要有优秀的校长，还要有优秀的教师，由此才能构成一个实力雄厚的教育集体。

作为校长，苏霍姆林斯基竭力使居于校长工作首位的，不是事务性问题，而是如何带领这个团队的问题。每天清早上课前，他都要跟总务主任交谈10～15分钟，然后一天中就不再过问总务问题了。他把觉得比较重要的问题都记录在笔记本上，以备开校务会时研讨或跟老师们共议，通过集体的力量去解决。

对待教学工作，苏霍姆林斯基跟学校教学主任一样，坚持听课，分析教师的教学，努力帮助教师改进教学工作。每周，他都要花两三个小时跟教导主任进行交谈，相互交换各自在分析课堂教学以及研究学生课业中所产生的想法。

作为共同体的核心，苏霍姆林斯基的一项任务就是赏识、帮助每一个教师，把他们放到合适的位置上，还为他们建立个人的创造性实验室，以发挥他们最大的潜能。在《帕夫雷什中学》这本书中，苏霍姆林斯基几乎把学校25位教师，甚至校外辅导员老师都如数家珍般夸赞了一遍。如玛丽亚·安德烈耶夫娜老师，她是一位文化素养很高的老师，指导数学小组活动可谓游刃有余。她还是一位画家，能像磁石一样吸引学生。文学教师维多里亚·特罗菲莫夫娜善于引导学生领略大自然的美，善于引导学生读书。物理教师亚历山大罗维奇·菲利波夫，不仅是一位钳工和车工，还是一位音乐家，会拉手风琴……

既然共同体是生成的，并应该成为一个志同道合的"创造性友好集体"，这就要求每个人都要为集体的创造做出个人的贡献。如果跟不上这个步伐，就会游离组织之外。于是在帕夫雷什中学形成一个惯例，即每年开学之前，都要由教师集体作出决定——如果集体得出结论，认为某个教师不称职，这个教师就要离开学校。20 年间，有 5 位教师因为不符合集体的要求而离开了帕夫雷什中学。可见，如何选配优秀人员，形成一个结构合理且相对稳定的教育群体，是帕夫雷什中学成功的秘诀之一，是学校之所以真正做到"使全体工作人员都来实现教育思想"的根本保证。

■参观苏霍姆林斯基亲手制作的农具

帕夫雷什中学这个"精神共同体"，可谓美好事物的宝藏，进来的人各自拿着钥匙，分享彼此的财富。这个创造友好与智慧的集体，通过读书与教书，使全体成员拥有共同的语言，找到共同的话题，建立共同的感情，彼此相互理解，相互信任，并在不断的自我反思中，加深了彼此之间的认同，感受到一种共同生活的幸福与满足。

苏霍姆林斯基说过："全体教师团结一致是教学教育工作成功的保证。"苏霍姆林斯基的伟大，不仅体现在他个人的教育思想及成就上，更在于他带领全体教师，几十年如一日开展丰富多彩的教育实践，以创造者的姿态，不断探索、不断总结、不断完善，把集体智慧即"精神共同体"的智慧发挥到极致。

想象苏霍姆林斯基在中国

在乌克兰，中小学教师同样有考试压力，但这种压力仅仅源自考试本身，而不似我们，考试背后有那么多、那么重的承载。

有意思的是，与我国"四海无闲田"相比，在乌克兰广袤的土地上，一眼望去，荒芜之地不在少数。问：土地为何闲置？翻译回答：乌克兰人种地够吃够用的，就不再去管了——这般从容、满足，也许就是乌克兰人人生态度的写照。

苏霍姆林斯基的女儿卡娅说，虽然现在乌克兰开始注重精英教育，但也未见因精英教育而生的诸多压力。就是在这样的大环境下，苏霍姆林斯基可以在帕夫雷什中学静心研究教育，潜心研究儿童。

让我们作一个假设，倘若苏霍姆林斯基在中国，他能安静、安心地经营学校，能每天静下心来写作吗？当别的学校都在星期六、星期天补课，他和他的老师们是否可以"两耳不闻窗外事，一心只读圣贤书"？当别的学校考试成绩优异，他和他的老师们能否淡定从容，按兵不动？另一方面，苏霍姆林斯基所坚持的教育理想与信念，家长是否认同？学生是否满意？上级领导是否支持？

也许，他会像许多中国校长一样，整天在高三转悠，笔记本上写的是这样一些词语：小考、中考、月考、一诊、二诊、三诊、一模、二模、三模……

不管在中国还是乌克兰，我相信，现在的老师早就不是一本书教十年的状态，而是课程教材时时变，你必须时刻处于学习的状态。不仅有业务培训、理论进修，还有每周一次的"政治学习"，然后是教学反思、政治笔记、会议记录……

除此还有各种比赛，范围跨及校内、校外、区里、市里、省里，甚至全国，内容涵盖赛课、赛基本功、赛论文、赛说课、赛演讲、赛课件制作，可谓数不胜数。

手捧照片在苏霍姆林斯基墓前留影

老师的"累"已不堪承受，校长更是"苦"不堪言。首先，校长的成长之路漫长崎岖。按照中国的校长成长模式，原本作为教师的苏霍姆林斯基，要先带一个班，而且还要保证取得优异成绩；要参加各种学习、进修，其中还要参加某一个项目的教学比赛。经过艰苦努力，获得一份"证明"后，才有可能被提升为教学主任、教学校长，最后成为校长。再次，即便有幸成了校长，仍然举步维艰，要考虑学校办学经费、人事调动和各方面关系的协调。甚至，老师的任何学习、任何比赛，都要过问，乃至参与备课或直接指导，因为这涉及学校的荣誉啊！

不仅仅以上这些劳心、劳形的事，作为学校第一责任人，苏霍姆林斯基还必须参加校长专属会议——上级主管部门、教研部门、教学指导部门的，以及相关单位、机构、团体的。

除此之外，还要接受各种检查。若是在中国，我们著名的苏霍姆林斯基校长所在的学校——帕夫雷什中学一定是迎检的"窗口学校"。想想看吧,如果经年累月地如此"应查",苏霍姆林斯基校长还能安下心来作教育研究,辅导年轻教师吗?

在我还没有出生的时候,帕夫雷什中学就是一所现代化学校了。四十几年后的今天,当我亲眼见到帕夫雷什中学时,仍不免为她的美丽和坚固而感慨。这里曾是教堂,也曾作为伤员居住地——学校里面的地板以及各种设施依然那么结实耐用。这样的办学条件是同时代的我们所无法企及的。即便是我们现在的很多学校,与之相比也有相当差距。

令我感慨的远不只校舍。在苏霍姆林斯基的办公室里,我还看到他曾用过的电话机——在那个年代,你能想到,一所农村学校里有电话——真是太稀奇了。这还不说,收音机、精致的台灯、沙发等等,一应俱全。

想象一下,苏霍姆林斯基在电话里就能说清或了解的事务,若在当时的中国,他该走过怎样的路途,穿着怎样的衣服(我们所见的当年的苏霍姆林斯基,衣着是那样绅士)去城里开会?这样的话,他哪儿有那么多的时间和精力用来读书、写作?

还有那些文学室、生物馆、图书馆,这对当年的我们来说,真是天方夜谭,尤其苏霍姆林斯基办公室里那几万册的藏书,更是令人艳羡。所谓"时时刻刻读书,那是一天不断的潺潺小溪"啊!

■ 教室里的名人展示墙

除了这种办学小环境的不同,还有社会大环境的不同。在苏霍姆林斯基辉煌的教育时代,我国正在经历"大跃进"和"文化大革命"。如果苏霍姆林斯基在中国,他的"无限相信书籍的力量"的观点,恰恰就是最恐怖的毒草!

虽然苏霍姆林斯基也曾因为教育观点的不同,而受到一些批判,但从苏霍姆林斯基的书中,可以感受到乌克兰的教育是一方纯净的沃土,乌克兰人对教育的认识没有偏移、扭曲。仅就教育条件来谈,乌克兰的农村和城市基本实现了均衡发展。帕夫雷什中学的现实表明,即使学校地处偏远,政府也不会使她等同于"偏僻"。有了这样的保证,苏霍姆林斯基得以更加从容、平静地学习,做学问,著述立传,与教师交流,思考学校发展,把帕夫雷什中学打造成世界名校。

文学的力量

在乌克兰，我走过的每一所学校都有文学室。乌克兰老师告诉我们，乌克兰人有一种特别的情结——自己国家乃至自己家乡作家的作品，学生们是必须阅读的。

在帕夫雷什中学的文学室，静静地望着一幅幅作家画像，一部部文学著作。作为语文教师，我本能地为这个国家的学校能有这样的一块地方而感动。此刻，一股温暖的热流涌向眼眶——这是一个热爱文学的民族，一个不忘记文学的民族，一个有高山一样挺实的肩膀和白桦林一般深沉情怀的民族。正是文学，在一定程度上塑造了一个民族的形象！

当年，苏霍姆林斯基从自己的书架上，或者从学校图书馆里取出一本本书，一次次领着学生们一起阅读；每天下午课外活动时间，学生们成群结队参加文学俱乐部、朗诵俱乐部、木偶俱乐部的活动，甚至还排演话剧。他让孩子们种一朵属于自己的花儿，然后让孩子们讲关于花的故事，并且写成诗，大声地念出来。每年的春季，学校都要举行母亲节，种上一棵树，精心看护一年，把结出的第一枚果子献给母亲，并且引导学生写诗篇来歌颂母亲。每到秋天，学校还要举行篝火晚会，朗诵、演唱，赞美秋天的收获。

在基辅的苏霍姆林斯基实验学校，孩子们每周都要到文学室开展各种活动。

■ 文学室里的作家肖像和著作

学校鼓励孩子们进行文学创作，并帮助他们发表文章。在我看来，苏霍姆林斯基实验学校，秉承了苏霍姆林斯基以文学进行教育的传统。

在乌克兰，苏霍姆林斯基的许多教育思想，已化为教育的基石，被写入教育改革的国家文本。比如，大量民间故事、文学艺术作品进入乌克兰中小学的教科书，正是基于苏霍姆林斯基的倡导。

在中国，苏霍姆林斯基的《我不是最弱小的》等几篇作品被选入义务教育中小学语文课本。其重要的原因，不仅仅是因为他是教育家，更因为他的文章文字优美，处处闪耀人性的光辉。他那充满文学美感的教育叙述方式，化枯燥的理论和苛厉的训诫为绕指的柔情、动人心弦的温暖的力量，如同俄罗斯文学一样，大地一般坚实，星辰一般永恒，又繁花一般浪漫！我甚至认为，如果他不是教师，也一定是出色的诗人、作家！

阅读苏霍姆林斯基的书，感觉就是在欣赏艺术品。苏霍姆林斯基的教育思想，源于他在帕夫雷什中学的真实生活，他的每一部书，每一篇文章，都融化了他的情感，成为了他生命的组成部分。更重要的是，这些文章，这些文字，带给人审美的向往、文学的向往和灵魂的一阵阵震颤。

比如，有关"祖国"的描述，苏霍姆林斯基写道："要使'祖国'这个词能够让儿童一听到它就激动得心跳，那就必须——形象地说——悉心地耕耘儿童意识的土壤，并且用美的种子来进行播种。"就儿童的认识，他写道："在每个孩子心中最隐秘的一角，都有一根独特的琴弦，拨动它就会发出特有的音响，要使孩子的心同我讲的话发生共鸣，我自身就需要同孩子的心弦对准音调。"就读书来讲，他说："要天天看书，终生以书籍为友，这是一天也不断流的潺潺的小溪，它充实着思想的江河。"……在这样柔软而深刻的语句面前，我们唯一能做的就是依从他的指示前行！

读苏霍姆林斯基的每一篇文章，你同样也会感觉到作者的内心历程。当一个个案例的描述与阅读者本身"相应"时，那是一种怎样的"海内存知己"抑或"相怜相望倍相思"的共鸣！更让我敬重的是，苏霍姆林斯基基于最朴素的教育原理，摒除了一切畏首畏尾与患得患失，把我们不能做、不敢做，也想不到的问题展现在我们面前，植根于我们的心灵，让你忘掉国界、种族、身份贵贱，逾越一切隔阂，获得穿越时空的力量，开启不同教育人生的大门，结识无数川流于历史和未来、现实和虚幻之间的教育事件与人物。它就像一粒神奇的糖果，引领你品味悲欢离合，让你如痴如醉，且歌且叹，或凝眉深忧，或开怀高歌……

这就是文学的力量！正是这种文学的力量，让苏霍姆林斯基的教育思想更加打动人心，历久弥新。苏霍姆林斯基的女儿卡娅这样总结父亲的思想："第一是对儿童的爱和尊重；第二是注重美好心灵的养成。"这美好的教育情怀，因了文学的翅膀，而照亮了整个天空。

我问那里的老师，是否仅仅是因为受苏霍姆林斯基的影响，才设立文学室的？答曰："真正的影响来自民族的传统！"乌克兰也好，俄罗斯也好，都是文学传统深厚的民族，神话、传说、民间故事源远流长，这些世代相传的民间文学作品，在孕育了大量的文学大师的同时，也使他们的文学作品饱含地域特色和民族精神。

目前,这个国家的社会体制、经济体制不断在变化,教育的观念也在变化。而当你踏上这个国家,并亲眼见到一个个文学室,你就会知道,乌克兰人对文学的敬畏没有变化——他们依然没有忘记文学,没有忘记对美好的追求、对未来的期待。

当卡娅来到美丽的清华附小
——记苏霍姆林斯基女儿卡娅的清华附小行

> 亲爱的老师们,在你们遇到困难的时候,或者你们感兴趣的时候,我希望这本书(苏霍姆林斯基《给教师的一百条建议》)能成为你们集体和个人成长过程中长期的助手。
>
> ——苏霍姆林斯基·卡娅

看到清华附小教师都在研读苏霍姆林斯基的著作,并在实践这位伟大的教育家的教育理念时,卡娅女士倍感激动,提笔为清华附小的师生留下了这句话。

这是2012年11月22日在清华附小发生的故事。这是一个令清华附小师生感动的日子,也是一个令所有教育者感动的日子,更是一个令所有苏霍姆林斯基迷感动的日子。因为在这一天,著名教育家苏霍姆林斯基的女儿、乌克兰教育科学院院士、国际苏霍姆林斯基教育研究会会长卡娅女士来访问清华附小,与附小师生展开交流活动。

第一次见到卡娅,我们便为她那炯炯有神的眼神和散发着教育气质的魅力所折服。虽然已经头发花白,但她步伐健硕,谈吐流利,思维活跃。她不仅继承了苏霍姆林斯基的衣钵,也继承了他平和、坦荡的性格。在交谈的过程中,她总是谦虚地告诉我们,她只是苏霍姆林斯基的女儿,她只是在传达、推广他

■ 卡娅与附小学生

的教育思想。事实上,她已经身为乌克兰教育科学院院士,并在教育史研究领域颇有建树,她的许多观点和理念,不仅是对她父亲的继承,更是延伸。

一、像家一样营造校园

"我的家就安在帕夫雷什中学教学楼一楼东头的两间房子里,那里既是爸爸妈妈的卧室,也是爸爸妈妈的办公室,同时还是接待客人的地方。那儿有高大的书房,无数的藏书,父亲就是在那儿完成了他的思考和写作。同时,也是在那儿经常与老师们谈话,接见孩子们,给孩子们讲故事等等。"

"我们没有自己独立的房子。我们的家就是学校,学校就是我们的家。"

卡娅小的时候,住在爸爸妈妈工作的地方——著名的帕夫雷什中学内,以校园为家。所以,她对学校有着别人无法理解的感情,她喜欢校园,喜欢校园中的一切。

卡娅访问清华附小的第一项议程便是参观清华附小。

卡娅的父亲苏霍姆林斯基说过:"一所好学校最重要的不是物质上的富有,不是外界给学校提供的物质帮助,而是每个孩子、班级和老师用自己的力量为学校做了什么,用自己的双手建设的学校才是最有特色的学校。"

清华附小在建设校园、打造校园文化的过程中,特别注重全校师生的参与:根据师生的意愿及想法,一方面由专业人员去实施和实现师生的想法,一方面让师生施展才能,去描绘自己心目中的校园。在全校师生共同努力下,清华附小已经呈现出属于自己的校园文化。包括七大建筑及十二大景观,每一座建筑及景观的命名、文化阐释都深入全校师生的内心,已经成为全校师生心目中的第二课堂,也让校园成为大家心中的家园。

这一点,卡娅非常认同,她赞赏清华附小这种将校园打造成家园的做法,以及附小让全校师生参与校园建设的理念。

二、让书香充满校园

在与附小的教师座谈的时候,卡娅告诉我们,她的父亲对她的影响很大,从小她就生长在父亲工作的学校中,父亲既是父亲,又是她的老师。因此,从小她就知道,她不过是父亲工作学校的 500 多个孩子中的一个而已。父亲伟大的人格魅力征服了她,对她的影响是终生的。因此,不管是后来的苏联解体,还是乌克兰民主重建等重大的社会波动,都未曾影响她。她的人生目标不会改变,她对教育、对孩子的热爱不会改变。这一切都要归功于她的父亲。

因此,当我们的老师在座谈中,问及苏霍姆林斯基教育思想的核心关键词时,卡娅首先提到的就是学习。她说:"老师,就是要读书、读书、再读书;学习、学习、再学习。"卡娅告诉我们,教师是一个特殊职业,负责传道、授业、解惑,教师要有不尽的知识去传授给学生,并且要及时更新自己的知识,不断适应社会对教师的要求。因此,她的父亲苏霍姆林斯基号召广大教师更多地获取知识。教师要想发光，就要不断地学习。

对于这一点，卡娅在附小找到了共同点。清华附小历来重视读书，不论是对教师，还是对学生，都有诸多书目提供，并提供良好的阅读场所。清华附小有10余万册藏书，学校还为每位老师配备每学期的必读书目。另外，学校还将送书给老师作为每学期开学的礼物。在这种氛围的引导下，附小已经形成了一种读书的习惯。另外，在学生读书方面，学校为学生提供了一百多本必读书目和选读书目，孩子每天都可以有固定的阅读时间。还有，为了方便学生读书，学校还将部分书籍搬到教室、走廊等地方，让学生能够随时随地读书，养成读书的习惯。

这种热爱阅读、热爱学习的氛围，深深地感动了卡娅。

三、每个孩子都有天赋

在谈到怎样对待孩子的问题时，卡娅告诉我们，她的父亲认为，对于孩子，只有尊重他正面的东西，肯定他的优秀品质，他才能成为一个真正的人。爱孩子，首先要理解和肯定孩子，如果孩子能看到自己的价值，学会尊重自己，就不会不爱别人。对儿童的爱，对儿童的尊重，应该不依据年龄和性别，不依据出身和差异。把儿童看成一个人，尊重和看到他作为一个人的本质价值。

为此，在谈到其父亲教育思想的第二个关键词时，卡娅认为她父亲对于孩子的看法，最精髓的就是：每一个孩子都是有天赋的。学校的任务就是把这些孩子的天赋挖掘出来。这绝不只是智力方面的天赋。有些孩子动作技能特别发达，如绘画技能等。老师应让孩子在自己适应的程度下学习。

针对现在大部分学校教育可能只是强调知识、知识、知识，卡娅不太认同这种理念，她认为每个孩子都有特长，老师要鼓励孩子们展示自己的特长，让他们充满自豪感，这样才能发掘每个孩子的潜力，让每个孩子成才。

清华附小历来重视对每个孩子天赋的挖掘，我们一致认为：孩子只有差异，没有差别。因此，在建设课程中，附小实施"1+X 课程"。"1"就是整合后的国家课程，"X"就是实现个性化发展的拓展性课程。目前，清华附小拥有 44 门"X"课程，包括健美操、武术、法语、书法、阅读与写作、演讲与口才、数学思维、DI 头脑风暴、轻松发明、机器人、舞蹈、合唱、国画、素描……这些课程照顾孩子的个性发展，弥补了国家课程中缺乏照顾个性孩子发展的短板。

通过"1+X 课程"的实施，附小充分发掘了学生的天赋，让许多孩子在这里找到了自信，找到了兴趣点，有的孩子在国际机器人大赛中获奖，有的孩子的发明获得了国家专利，有的孩子在世界各国巡演……

"每个孩子都有天赋"，苏霍姆林斯基的教育观点与清华附小的办学理念不谋而合。正是在这种理念的指引下，清华附小的孩子健康、阳光、乐学、快乐成长。

四、爱是教育无声的语言

伟大的教育家苏霍姆林斯基说："一个好教师意味着什么？首先意味着他热爱孩子，感到跟孩子交往是一种乐趣，相信每个孩子都能成为一个好人，善于跟他们交朋友，关心孩子的快乐和悲伤，了解孩子的心灵，时刻都不忘记自己也曾是个孩子。"

在与卡娅的座谈中，她谈到的第三个关键词就是：对孩子的爱。她说："爱孩子谁都会，对智残儿童等特殊孩子的爱更是值得一提的。"是啊！我们每个人都会爱长得好看、成绩优异、各方面突出、善于表达的孩子。但是，我们问问自己，我们是否会去真心爱学习困难的孩子、长得不好看的孩子、不善言谈的孩子呢？每个人都有过失去了再也不会回来的童年，我们要去爱每一个孩子，尤其是那些经常被他人忽略的孩子，那些学习有困难的孩子。教师对孩子的爱，应当是立体的，无条件的。只有做到这一点，才能成为一个真正的教育工作者。

在苏霍姆林斯基的名著《给教师的一百条建议》中，就有很多这样的例子。

为此，在谈及对于学校教师的建议时，卡娅女士幽默地强调一点：请以苏霍姆林斯基的书为伴。卡娅女士还特意提到：作为学校教育的重要补充，家庭教育的意义同样非常重大，而教师在与家长共商家庭教育的过程中，一定要达成一个共识，那就是今天的教育要培养明天的父母。为此，苏霍姆林斯基的教育思想，应当在更广泛的范围内进行传播。

卡娅的话激励着我们。近年来，清华附小一直在推崇爱所有孩子的理念，去呵护每一个幼小的心灵，让每个孩子都快快乐乐地成长。

座谈会结束后，卡娅还在清华附小少先队员的带领下，参观了附小学生的大队部，对附小大队部的基本情况及特色活动进行了访谈。她对孩子们自我成长所取得的成绩给予了高度评价，并为孩子们留下了宝贵的寄语："祝清华附小的少年队员们，在学业及以后的工作中都能获得成功，友谊长存！"

卡娅是一位美丽的女士，她举手投足之间尽显教育气质，她的一言一行，都在潜移默化地影响着每一个人。清华附小就如她一样，正以一种教育的力量，在影响着每一个孩子的成长。

她与附小一样美丽！

第四辑 韩国教育随笔

对韩国人的初步印象

一、注重形象，注意保养

在一篇文章中我提到韩国人的眼睛普遍都小，脸盘普遍大一些。在电视上看到的李英爱、金喜善等美女演员是特例。据他们自己讲，很早很早以前，他们的祖先是蒙古一支——脸盘和颧骨有蒙古特征。由于饮食和文化的变化，再加上韩国的美容技术，韩国人的长相开始现代起来。

女子时髦漂亮，男子则衣冠楚楚，举止教养和日本男人差不多。10个男人中，有9个头发梳理得油光水滑。他们说："假如头发都不打理好，你干不成什么。"韩国人还特别注意保养。《大长今》18集以后，长今开始教大家如何

■ 观看《大长今》表演

做药膳，如何用中药调理身体。按照导演李炳勋的观点，电视剧应该简单，要循序渐进，所以平常枯燥的医学知识被巧妙地简单化，不知不觉地融进了故事情节中。喜欢保养、注重生活质量的韩国人很自然地接受了《大长今》，并且看得津津有味。

二、热情、豪放，爱管闲事

这是我小时候在家乡感受到的朝鲜族人的性格。我在上中师的时候，同学当中朝鲜族的有五位。如果你有一点小事冒犯了他们，他们就会和你大发雷霆。男同学李松志，特别爱打抱不平，有什么难事或者急事，冲在前面的总是他。有一次他竟然动手打了我的另一个同学。不过，他们为人又很热情。每一次开学，或者放假回来，他们都主动热情地带来辣白菜、打糕等朝鲜族特色食品让你品尝。如果你不吃，他们还会生气。所以，有时候觉得亲切，有时候又让你感觉热心过度。当朝鲜人和你推杯问盏之后，感情就加深了起来，他们就会为你付出很多。

说起管闲事，韩国人、中国人和日本人，这三个民族的性格不同之处是，同一个问题，韩国人敢说，中国人要看脸色，日本人则默不作声。日本人讲究"保持距离"，韩国人爱介于其中。说到这里，姜真硕教授谈到了自己的妈妈。姜教授先到台湾学习汉语，1993年去了北京，考上了北京大学教育系，2000年拿到博士学位。他自己一半是韩国人，亦是中国台湾女婿。他说，中国人和日本人很爱看韩剧。可让他们最不能接受的就是妈妈管子女，为什么儿女都那么听话，甚至牺牲自己的爱情或者生命？姜真硕教授讲了自己的故事。现在，他妈妈退休在家，每天都要打几次电话，询问这个，嘱咐那个，督促这件事情你必须去做，那件事情你不能做……姜教授特别讲到婆媳关系。由于朝鲜族有个传统，长子需和父母住在一起，他是长子，父母便要求和他住在一起。可是，现代的媳妇不同以前，更何况自己的媳妇是台湾人，还是教授。各种差异和矛盾摆在姜教授面前,他为此苦恼了好长时间,有几次夫妻决定离异。经过斗争,父母没有和他们住在一起,可还是管得宽。怎么办?姜教授决定和父母都在一个小区居住。这样,距离产生美,媳妇对婆婆的评价就变成了:"照顾子女特别细致,管理家庭特别细致,交流态度特别细致,做起饭来特别细致。"

三、大部分人信教

有信佛教的,有信基督教的,也有信天主教的。而他们的国旗,名为"太极旗",中央标以易学中象征宇宙与真理的阴阳鱼,红与蓝象征阴阳、水火、男女、静动等的融合与协调。佛教文化从唐朝就传过来了。参观韩国的寺庙,能看到纯粹的佛教文化。高丽时代就有佛教。

从南宋时候,儒教传到韩国,那时已到了高丽末期。后来到了朝鲜时代,儒家文化行走了500年,"朱熹学"笼罩和控制整个朝鲜。现在,韩国文化有些摆脱了儒教,但是没有办法从血液里去掉,比如尊敬长辈、等级观念等。近代,天主教和基督教成为主导,教徒已经占了国民的百分之三十。韩国的基督教文化比较独断,认为只有自己是对的,别人是不对的,保守的韩国基督教常常与外教发生冲突。此外还有巫术,人们经常去找"巫"算命,比如孩子大考的时候,就要去询问申请哪一所学校比较好。韩国人要求儿子,特别是长子要拜祖先。不管怎么样,一定要祈祷生儿子。韩国的"七恶人"之中,就有没生儿子的人。

四、掌握几门外语

我发现,韩国人一般会掌握三门外语,比如英语、日语、还有中文。除了英语,学习中文的特别多,而且已经见成效。汉字,韩国从古代的时候就已经开始使用了。

由于一开始自己民族没有文字，所以，他们采用中国的汉字。从高丽时代到朝鲜时代，他们写的汉字都很好。朝鲜时代有了朝鲜汉字，是世宗大王于1443年发明。后来，汉字和韩语就混用了，现在汉字不见了，年轻人用汉字的越来越少。但是，这也导致了一个问题，即把汉字翻译过来，常常不能很好地表达准确的意思了。不学习汉字如何准确地表情达意？所以，韩国小学就开设汉字班。小学生最喜欢买的书也有汉字方面的书。韩文失去魅力的原因，就是丢掉了汉字。不过，聪明的韩国人已经明白，自己的语言文字跟中国的汉字是息息相关的。虽然汉

■ 韩国出版的中国《现代汉语》教材

字用得越来越少，但是他们已经把汉字当作另外一种语言好好学习了。所以，一股强风——学习外语热迅猛地在韩国刮起。

有人说，《大长今》像家里熬了很久的汤，香浓而亲切，充满了家的味道。虽然是宫廷剧，却讲述了一个平凡女子的不平凡生活。宫廷中充满了种种险恶争斗，主人公长今凭着自己的聪颖、好学、细致及信念，最终在充满危险争斗的环境里生活下去，并获得了后人的尊重。

我在想，大长今的形象是否可以代表韩国人的整体形象呢？

教育成功的几个关键词

一、教育经费：全社会共同努力奉献

韩国之所以能在教育上实现飞跃，得益于从中央政府到百姓家庭同心协力的经济支援。私立学校作为社会办学的具体形式，与政府办学相结合，形成韩国教育的一个显著特点。教育层次越高，私立比重越大，质量高、信誉好的学校往往都是私立学校。私立学校的经费来源主要靠办学者投入、政府支持和收取学费。企业投资办教育，实行产、学、研结合，已成为韩国比较通行的办学形式。政府鼓励企业创办大学，同时给予财政、税收等方面的政策支持。企业家之所以愿意办学，主要是为了树立企业形象和体现个人的公益事业责任心。同时，政府也把私立学校作为教育的重要组成部分，把拨款支持私立学校作为应尽的职责。在韩国教育投资的构成中，私人投资的比重占了一半左右，其发展趋势将超过政府拨款。

二、幼儿教育：幼儿园、家庭、社会教育一体化

韩国全社会重视发展幼儿教育事业，其原因归纳起来有三个方面：一是政府高度重视，从立法和经济的角度加以支持、鼓励和扶持；二是幼儿教育已成为一个独立的产业，办幼儿教育有利可图；三是幼儿家长期望自己的孩子从小受到良好教育，长大后能成才。正是在诸方面因素的作用下，韩国的幼儿教育才形成幼儿园、家庭、社会教育一体化的局面。

韩国幼儿教育界经过不断探索与改革，已使幼儿教育具有鲜明的本国特色。韩国的幼儿教育曾一度采用美国的教育模式，结果使许多儿童成了"生活在韩国的美国儿童"。这种状况引起了韩国政府和幼儿教育界的关注，对幼儿教育进行了持续改革，较好地将美国教育思想、教育方法中的合理部分与韩国的实际糅合在一起，形成具有韩国特色的幼儿教育。如加强了民族自尊教育和传统文化教育。在韩国幼儿园，孩子们入园、离园时手里都拿着一面韩国国旗。难怪，我曾经从教的吉林市第一实验小学魏老师的班级来了一个韩国的小男孩，她告诉我们，当星期一早上升国旗的时候，只见这个男孩的脸绷得紧紧的，情绪很激动的样子。原来，在他以前的学校，只要唱国歌或者看到国旗都要立刻严肃起来，全力唱国歌。"爱韩国，做世界一流韩国人"的民族自尊教育在幼儿的脑海中留下深深的烙印。韩国幼儿园还重视对幼儿进行民族传统文化教育，尤其是民族艺术教育。许多幼儿园把学习韩国传统乐器和民族舞蹈作为必修课程，让幼儿从小就受民族传统艺术的熏陶。"开放式教育"已成为幼儿教育的主要模式：一是开放的时间。幼儿在园的一日活动，主要以幼儿自由选择活动为主，集中活动为辅。二是开放的空间。韩国幼儿园的空间都围绕孩子的需要进行规划和设计。幼儿的活动室均划分为若干个明显的活动区域，在活动区域中投放与各个区域目标相适应的教具、玩具材料，让幼儿根据自己的兴趣、需要，自由选择活动，自主学习。三是开放的心灵。在韩国幼儿园，教师十分尊重幼儿的

活动选择，幼儿通过集体讨论决定要做的事，教师必须支持。在活动中，师生之间是一种平等、民主、互相尊重和信任的关系。孩子们充分自主，敞开心扉，无拘无束，异想天开，在完全属于自己的时间和空间里去探索、去发现、去创新。韩国十分注重从小对幼儿进行科学启蒙教育，幼儿园把现代科学技术与社会的互相影响和相互关系，纳入课程内容，促进课程内容的现代化。

三、基础教育：以学生全面发展为中心

为了培养出主导21世纪世界化、信息化时代的自律的富有创造性的韩国人，韩国进行了第七次基础教育课程改革。最近这次，基础教育课程的要求是：以教科书为中心，以供给者为中心的学校教育体制要转变为以教育课程为中心，以教育需求者为中心的教育体制；作为学校经营负责人的校长和作为授课者的教师，要成为教育内容与方法的主人，确保其专家的地位；充分考虑地区及学校的特性、自律性和创造性，开展富有个性的多样化的教育。

当然，和中国的一些中学生一样，韩国的中学生差不多晚上十点左右才回家。而且现在，公立教育的威信越来越低，补习班比公立教育的效率要高。怎么做才能不让孩子去补习班？我们去的韩国外国语大学附属中学，是韩国最好的外国语学校。家长从小学开始就让孩子准备。孩子一旦考上，差不多就能进入哈佛，上首尔大学的都已经是少数了。家长认为，反正费用都不低，不如直接送到海外去。所以，教育费用占了家庭生活费的一半。国家也在想办法，可是，家长的要求不能被完全满足。由于费用太高，养不起学生，所以目前韩国新生儿出生率明显下降。

但我们参观的一所普通初中呈现出的却是另一番情景。这是一所有着604名学生的学校，教师一共35人，其中2名校长，3名部长教师（相当于我们中国的中层干部），其余全是普通教师。学校的校训是：大的希望、先进的思想、快乐的生活；保证最基本的韩国九年义务制初中阶段的任务；培养读书生活，加

强人性教育。学校的孩子们朴素大方，课堂也是随然。操场不是塑胶，而是沙土。女老师们穿着拖鞋上课——这是一道风景。教师平均一周上 20 节课，由于负担很重，所以，教师的培训基本是利用寒假和暑假的时间。校长没有选择教师的资格，都是由当地省厅负责面试和分配。

■韩国高中生到佛国寺秋游

上例的确值得我们思考：韩国课程改革中一再强调学生的主体性，可是他们的学生的主体性如何表现？细心观察韩国学生在学校听课或者在佛国寺秋游时的状态，我们发现学生所表现出来的精神面貌都很轻松

■学生们来到名胜古迹摘录信息

自然。比如，我们走过慕贤中学一个班的地理课堂时，看到里面师生笑成一片，并没有感到压抑和庄重的气氛。

四、高等教育：实行"学分银行制"

面向 21 世纪，韩国的教育改革出现了许多新变化，实施了许多新举措。在这场教育改革热潮中，引人注目的是韩国高等教育要建立面向 21 世纪的、终身的、开放的教育体系，也就是使全体韩国国民能够随到随学的教育制度。这种制度亦称为"学分银行制"。韩国建立"学分银行制"的目的，是使国民无论在何时何地，都可以在自愿的前提下接受高等教育。如果一个人在高中毕业时未能进入大学深造，而他又想获得大学学历，那么他完全可以通过在大学校园外的其他学习途径，获得国家承认的学位。

"学分银行制"的建立，能够使学生在选择学校和学习科目方面有更大的灵活性，有利于学生个性的发展。学习者对什么课程感兴趣，就可以先学什么、考什么，学分积到一定程度，国家即发给学位证书。在韩国，孩子读大学的费用较高。有些孩子因家庭经济状况较差，不能在高中毕业后立即上大学。还有一些学生因考试失败而导致上大学的梦想落空。这些学生往往悲观失望、情绪低落，心理极不平衡。而"学分银行制"的建立，为这部分学生带来了希望。在21世纪终身学习的社会中，只要他们自己努力，就能获得一样的成功感。

五、家庭教育：父母与子女"一心一体"

韩国是一个高度重视教育的国家，以父母为经济中心对子女上学的支持，是学生得以保持不断升学并热情不减的主要动力。韩国的家庭是保持韩民族优秀传统的堡垒，仅在父母和子女的感情关系上，韩国就和西方大不相同。在西方，子女到了18岁就要自食其力，开始和父母分居；在韩国，子女18岁还和父母亲密无间。在孩子上学后，大多数父母（尤其是母亲）都把主要精力投入到子女的培养上。在韩国教育投资的构成中，由父母承担的教育费用在教育投资总额中占半壁江山。按照韩国教育开发院的观点，所谓"私教育费"，除了学生家庭支付给正规教育机构的学业费用外，还包括各类补习学校的学杂费、家庭教师费、教材费、学习用品费、膳食费、交通费、住宿费、校服费、团体活动费等。

不管怎么说，高水平的教育使韩国在短短的三四十年内，就由一个落后的农业国实现了工业化和城市化，创造了发展中国家实施超越战略的奇迹。从根本上说，韩国教育的发达是全社会全民族重视的结果。因为教育作为最典型的"前人栽树后人乘凉"的奉献事业，没有全社会的远见卓识，没有全民族的同甘共苦，是很难在产业社会、市场经济的环境中有所成就的。

如此尊师重教

韩国十分重视师范教育。目前，已经建立了一整套幼儿、小学、中学师资的培养和训练制度，以保证各级各类教育具备高素质的师资队伍。我们参观慕贤中学的时候，有一位河南的老校长询问："这里的教师如果不合格，做校长的怎么办？"其校长说："韩国教师都是经过省级选拔的，素质普遍很高，几乎没有辞退或取消教师任教的事例。而且，当教师是一种高尚的职业，所以做教师的本身就觉得自己光荣，也会朝着高尚的目标要求自己。这样，师资队伍就越来越好。"

韩国的幼儿教师如何培养呢？幼儿教师要经过四年正规的学前教育理论学习，还须参加国家统一组织的幼儿教师资格考试，获得资格证书后才能被聘为幼儿园教师。参加工作后，每隔三年要进入政府创办的教育培训机构接受脱产培训一年，其费用由政府承担。看来，我们的"教育从娃娃抓起"在韩国早已体现出来。经过这样的培训，幼儿教师的整体素质自然较高。遗憾的是，这次我们没有到幼儿园参观。

再说说小学师资的培养。小学教师必须在专门的四年制的教育大学学习。目前韩国有这类大学 11 所，而且全部是国立大学。韩国政府规定小学教师必须毕业于四年制的教育大学或学院，而且要通过资格考试，获得教师许可证才能任教。在我国，像我这个年龄的基本都是中师毕业，而且这些人都是30岁以上，正成为学校的中坚力量——对于我们自身的水平，我们心里是有数的。因此，从这一点上说，我们的小学师资培养的确应该改进。虽然国家已经认识到这一点，而且也要求小学教师大学毕业，但是真正一流的人才有没有进入小学教师的行业呢？大家心中自然明白。可以说，目前我国小学教师的师资水平亟待加强。

最后说说中学教师如何培养。韩国培养中学师资的教育机构有两种，即综合大学里的师范系和专业大学里的师范大学。有了高素质的教师队伍，韩国的学校教育，不仅对培养现代化所需要的中高级科技人才和训练有素的劳动者起到决定性的作用，而且大大提高了国民总体的文化素质。并且不管是幼儿教师、小学教师，还是中学教师，他们的工资待遇普遍较高。

韩国如此重视教育，可想而知，他们对待教师是何等尊敬。

以教授为例。"教授在韩国具有其他国家不曾有的特殊权力。"外国语大学中文系池在运教授在报告中自豪地说。在大学，教授成为权力的象征，资金使用权、人事权、录取学生权、授予学位权、教师晋级权，都由"教授会"负责，系主任只是服务角色，而不是领导角色。因此，教授在全民族心目中相当于当今中国的"学者领导"，有双重崇拜价值（既佩服他的学问，又羡慕

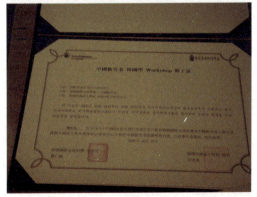

■ 获得韩国外国语大学进修证书

他的权位)。在外国语大学校园里,学生与教授同行,总要靠后一段距离,据说不能踩教授的身影;教授到自习室里,学生要全体起立示礼;学生到教授研究室要事先约好,但又不允许直接往教授家里打电话;校园里有专门设立的教授食堂、教授会馆、教授停车场。

我们在外国语大学接受培训的时候,由于是代表中国社科方面的教育者,所以,进餐的时候,都是在"教授餐厅"。我特意到普通的教师餐厅看了看,发现教授吃的和用的明显比普通教师要好,教授餐厅还有专门的服务员为其提供端菜、倒水等服务。在社会上,教授的信誉很高,教授去学校赶课,警察要开绿灯;教授买房去贷款,银行信得过;教授去办出国手续,可以说明事情忙而不用排队;在机场,教授因书籍、资料超重可以免罚款;外国学生想到韩国大学去留学,只要有教授做担保,法务部愿意放行,即可方便办理。

教授的政治待遇也不同于其他国家。汉城大学的教授要由总统亲自任命。教授出校从政可当长官、次官(相当于中国的部长、厅局长)。不愿做了,还可回到学校继续当教授。韩国的教授是65岁退职,有突出成就的,这边退职那边就进了国家学术院(相当于升为中国的院士)。即使没进学术院,也会被社会各类学院请去当教授。

池在运教授幽默地说:"老师跟父母一样。韩国人在总统面前可以乱来,但在老师面前不能乱来。家里有什么好吃的,肯定献给老师。我是有机会从政的,可是念及当老师的幸福和尊严,一直没有改行。"

他还说,该校每年都要请中国的北京大学、复旦大学、深圳大学等几所高校的教授来这里讲学,他们到了韩国后,普遍的感觉就是受到特殊尊重,心情特别好,工作效率也特别高。这些中国教授,在自己国土,感觉不到自己的地位是多么高尚和尊贵。池教授还说:"听说中国过去把教师叫'臭老九',那是万万不行的。没有了教授就没有好人才,没有好人才就没有好国家。"

再有,韩国的教育厅规定对屡教不改的学生,是可以进行适当体罚的。外国语大学朴昌洙教授告诉我们,文件中规定了戒尺的粗细和长短,规定了打学生的位置——手掌和小腿肚子。其前提是教师必须有爱心，理性地知道，这样做是为了唤起犯严重错误的学生的罪恶感，让孩子在疼痛中清醒，不再犯类似错误。因此，凡是老师打了学生，家长就会带着深深的自责给老师道歉，因为让老师生气了。在学校，罚站、罚跪的现象经常发生。由于教师如同父母，有如此权力，学生自然就很怕老师。因此，学生规规矩矩，特别敬畏老师。朴教授还告诉我们，他们家就有一根长长的藤条，专门用来抽打犯错误的儿子，高高挂在墙上起到了很好的警示作用。他还强调，对于不懂道理的、没有是非观念的孩子，适当的体罚是很有必要的。

  教师如何施行真正的"道"？怎样才能获得真正的"尊"？面对我们今天的学生，中国古老的"一日为师，终身为父"等信条，该怎么理解和体现？比如体罚，我敢说，大大小小的教师都有类似的情况，比如，让学生多站一会儿，其实这也是一种变相体罚。听说新加坡也允许适当体罚学生。我们强调尊重学生，中国出现的令人发指的体罚教师，的确需要整顿和反省。然而，接受了美国50多年影响的韩国人，为什么一直有这条"特许"？我们需不需要给教师立法，维护教师对学生教育的特殊权力？为什么，我们现在一再强调对学生的爱，可我们的学生反而缺少必需的感恩和回报？为什么，我们的教育总是走向极端？

给学生什么样的梦想
——参观韩国外国语大学附属外国语高级中学

迎着蒙蒙细雨，我们从首尔出发，坐车一个多小时来到韩国外国语大学附属外国语高级中学参观访问。2005年3月3日这所学校正式成立，这是韩国第一所官方投资创立的私立学校——依山傍水，美丽与绚烂不必描述。仅凭投资了韩币5000亿元（当时折合相当于40亿元人民币）的数字，读者就可以想象这所学校的样子。学生的学费，三个月87万元，一年交4次。韩国外国语大学提供了土地，故名外国语大学附属外国语高级中学。可以说，这是目前韩国学校设备最好的学校。

迎接我们的是瘦小但精神矍铄的南风喆校长。他先后23次到中国考察访问，上海的育才学校、北京的清华附中等，都是他牵头和该校结成姊妹学校。

演讲开始了，南校长没有说话，而

■ 在韩国外国语大学附属外国语高级中学

是提笔在黑板上写下了"经济发展是韩国的教育基础"几个醒目的大字。字迹工整潇洒,根本不是为了表演给我们看的。他说,一个国家的发展无外乎靠以下条件:第一,天然资源;第二,资本;第三,人力。如果国家只有天然资源,没有人才,什么发展都谈不上。因此,最重要的是人才。而人才的培养,要靠教育。

有人问南校长什么是教育,他回答道:"教育就是给学生一个未来的梦想。"学生受教育,在学校里学习,都是为了走向未来的梦想。曾在其他外语高中学校有八年管理经验的他告诉我们,每年开学的时候,他都要给家长和学生做关于梦想的演说。在这所新的学校,他要保障学生通过三年的学习,确立美好的梦想。不管是谁,来到他们学校,他都会让学生先确定"我"的梦想是什么。其实,每个人都有自己的梦想,但是,怎样实现,才最重要。这就需要一种原动力。那么,这个原动力从哪里来?南校长强调,最大的原动力就是热情。有了热情就有了一切的前提。在学校里,他们培养和树立学生的梦想,等到学生离开学校,在现实生活中,就能体现出追求梦想的热情。

在报告中,南校长还讲了韩国高级中学的类型。

高中分为一般高级中学、职业高等学校和特殊目的高级中学。一般高中不用选择学生,学生就近入学即可。在职业高等学校,学生学习各种技能,相关学校可以自己选择学生,学生也可以选择学校。比如,要去农业学校还是商业学校,学生就可以自己选择。

再有就是特殊目的的学校。这是家长和学生一起研究选择的,招收特殊才能学生进行专业教育的地方。比如机械、电气、电子等工业系列,农业自营者的水产系列,培养船员的系列,培养艺术工作者的系列,培养体育人才的系列,培养国际关系或国外特定专业知识的国际系列等的专业教育。这里不同于职业高等学校,不只做技术训练,而是为培养高尖精人才打下基础。这里实现教育的差别化,让学生充分发挥自己的潜能。

高级中学还分为公立和私立两种形式。公立学校要按照国家规定的课程进行教学，私立学校不用选择国家规定的科目，可以自己选择多样化的教学课程。目前，全国私立学校只有6所，从2002年才开始实验；韩国已经有25所外国语专业学校，京畿道地区就有3所，包括外国语大学附属外国语高级中学。

接下来，南校长具体讲了自己学校为了树立学生的梦想而制订的系列计划和措施。

该学校要求学生毕业后要基本掌握三种外国语言。入学的时候，先选择第一专业，然后学习另外两种语言。该学校开学的时候就公布：要发展成全世界前十学校。所以，为了实现这个目标，南校长给学生一个梦想。

为此，他们学校制订了一系列培养计划。目标是通过扬长，培养比一般系列的高级中学的学生更高的理解力和沟通能力；能客观理解外国文化，正确介绍韩国文化；可以应用已经学习的知识，跟外国人进行一般业务交往；培养主动参

■ 韩国外国语大学附属外国语高级中学老师在讲中文

与文化、学术、国际交流的态度。综合起来，就是人性教育、创业教育、自律教育。

学校开设中文系、英语系、法语系、日语系。其中一个重要的特色就是全校都要讲英语。特别是国际学科的英语系，除了韩国语和历史以外，都要用英语讲课。在学校，不讲英语就会被发现。而且，该校已经把美国大学的科目引进来。这样，就不用再进修哈佛大学的十个科目。用南校长的话说，去美国大学应该学习的课程，在高中有的已经学完了，有的已经预习了。

为了让学生尽快由生存转向发展的轨迹，学生要学习怎样演讲、怎样写论文、怎样讨论等。他们的英语课，都是美国的教师讲。教中文的，还有一位来自北京的教师。从学生目前的情况看，有150多人可以到国外进一步深造，其中120人左右上美国的大学，另外30人去欧洲、日本或中国。

学校设有培养人文修养的作曲班和锻炼身体班。比如，要求每个人一定要好好研究一种乐器。音乐内容由50个大学教授来教。每一个学生要培养一种特殊的体育爱好，可以在排球、游泳、剑道等六个项目当中选择一个；毕业之前要写一篇论文上交。每一个学生必须在就读期间，去孤儿院、养老院等做义工。假如学生将来想从事医生或者播音等工作，也要求在就读期间去实习体验。

学生所学的语言专业，一定要通过经过公证的考试，特别优秀的话，可以提前毕业；学生参加的各种比赛都是全世界公认的比赛；有些学生已经提前进入哈佛学习；有的学生为了在出国留学时能迅速适应国外的生活，可以进入速成班学习。

学校有一个共识——要想搞国际化的环境，就要多与外国学校进行交流。每年暑假期间，学生将分批前往30多个国家进行交流，让学生真正享受到"海外国际体验"。比如，有一个组去了非洲的7个国家，其中便有艾滋病流行的国家。他们要爬上最高的山峰，体能不够也要爬。当然，全程有登山专家监护。一组学生去了中国，浏览了中国的古迹；一组去了欧洲的7个国家；还有的去了日本等国家。

学生是两个人一个房间，类似于旅馆的居住条件。家里贫穷的优秀学生可以得到资助。早上起来后，有很多服务员帮他们打扫整理。学生的制服都是学校帮他们干洗。每个学生早上起来先看美国报纸，晚上回来一定要进行讨论。谁来帮助讨论？每一层楼都有若干美国人主持，以7人为一小组。宿舍楼每一层都有负责外语的指导老师，也有生活老师，负责定期进行礼节教育，培养国际化生活礼节，开展体育活动等。

这位南校长，除了多次到中国，还曾访问了80个国家。现在，学校之所以发展得那么快，有的项目甚至已经成为国际考试中心，都是他八年来努力获得的信任和资源。

南校长的办学梦想，就是培养"具有国际感觉的国际人才"。然后，每一个学生就围绕这个目标确定自己的小目标。

这位校长一再强调自己的雄心，说："学校办学费用不是问题。有当地政府全力支持，有好的课程和资金，有全国最好的学生做保证。"他走访过中国的15所外语高中，以及日本、美国、新加坡等国的近50所学校，认为自己学校的综合条件是最好的。他说："完全胜过我们的外语高中是比较少的。比如中国，由于费用太高，许多方面的硬件根本不行。就说我们的一个教室，学生可以看到100个卫视节目，恐怕别的学校达不到这样的标准。"

韩国为学生提供了最舒服的、最前卫的教育环境，目的就是为韩国培养精英人才，让韩国的经济和文化走在世界前列。

饭后，校长带领我们走进了一个班级。来到学生们中间，与他们进行交流的时候，知道了他们的作息时间，每天晚上11点钟是学校熄灯时间。由于这里的学生互相之间竞争激烈，压力大，大多数学生都是在晚上12点，甚至凌晨以后才能休息。每天早上要7点起床，上午连着上课，中午一个小时的进餐时间，下午上课，直至5点结束，晚上叫"深化学习"——实际上就是晚自习，直到刚才说的11点。

孩子们的负担太重了！其中最为突出的问题是，激烈的高考升学竞争给学生带来了沉重的学业负担。为了使学生能健康愉快地发展，现在小学1～4年级实行半天学习制。然而，不少望子成龙的家长都安排自己的孩子下午到各种学费昂贵的补习学校学习。缓解高考竞争压力是韩国教育改革方案的重点内容之一。

交流的时候还有一个小插曲。我们走进的是一个学习中文的班级，当我们问他们有多少学生在这里学完之后打算到中国留学的时候，竟然没有一个学生举手。我们一行都笑了。过后，马上在老师的提示下，有一个女孩站起来说她打算留学清华大学……

■ 看孩子们写的中文，并与同学们交流

目前，美国大学已经开始关注他们学校，所以，美国已经给他们设置了SAT、PSAT、AP、ACT等考试中心。

这里的孩子大都想上美国的大学，美国是他们的梦想和未来。

还有一个现象，就是该学校的广告片中出现的学生镜头，几乎全是戴眼镜的学生，是巧合吗？这些学生学习累成这个样子了。如果这样来培养精英，那么，孩子付出的代价太大了。他们从现在，甚至从小就要努力成为"国际人才"。也许是基于韩国人一直保留的那份执著和坚强，连睡觉都保证不了的他们，脸上却丝毫没有倦怠和疲劳的气息。

有意思的是，第二天，也就是当月的22日，从16个地区赶来的学生都要来这所学校考试，准备第二年到这里就读。报名的已经超过3000人，而其实只招收240人。校长风趣地说，明天交通肯定大乱，家长陪同，有时好几辆车前来，像中国家长一样望子成龙心切。每一所学校的前五名才有资格到这里考试，结果，招收的基本是每所学校的第一名。不过，特殊技能的学生也会被考虑。因此，这所学校倍受关注。

首先进行英语听力考试；其次是面试，一个学生大约需要20分钟时间；还要考数学、语文等；中文考试是写一篇散文，大约需要40分钟时间。

韩国孩子们都赶到这里追梦。这梦，难道就是非要成为有国际感觉的国际人才吗？那个要留学清华大学的女孩，当我问她为什么要到清华大学读书的时候，她的回答是"将来要找一个好职业"。这句话一直敲击着我的耳膜。

也许韩国的教育梦想就这么现实吧。

"凉和辣"的韩国饮食

在韩国生活了十天，一日三餐，突出的味觉就是凉、辣。

韩国饮食的主要特点是高蛋白、多蔬菜、喜清淡、忌油腻。自古以来，韩国人和我们中国的南方人一样，把米饭当作主食。韩国人基本上不做炒菜，除了各式各样的泡菜，有的也像中国的北方人一样，以炖煮和烤制为主。不过韩国人也喜欢吃面条、牛肉、鸡肉和狗肉，但不喜欢吃馒头、羊肉和鸭肉。中国北方很喜欢吃韩国烤肉。有不少人经常说自己爱吃韩国菜，其实主要指烧烤食法，最多也只是对"人参鸡汤"或"泡菜"略知一二。

来到韩国饭店，不像在中国，坐就后拿着菜单一样一样地点菜，也不用服务员一道一道端菜上来——菜和饭一并上齐，自然服务员也不用那么多。每一次吃饭，都要摆上五六种凉拌小菜，这是韩国人普遍的饮食习惯。凉拌菜是把蔬菜直接切好或用开水焯过后，加上佐料拌成的。比如，海带、豆芽之类，还有生拌鱼肉、鱼虾酱等。生拌鱼肉，是把生肉、生鱼等切成片，加上作料和切成丝的萝卜、梨，再浇上加醋的酱或辣酱拌成。每一顿，汤也是用餐时必不可少的组成部分。它通常由蔬菜、山菜、肉类、大酱、咸盐、味素等各种原料经烹调而成。

众所周知，韩国人爱吃辣椒。家常菜里几乎全放辣椒。所以，这几天，无

■ 韩国人的饮食文化

论什么菜，一直由"辣酱"、"辣粉"、"辣椒"或充实或点缀着餐桌上的各种菜和汤。说起这个辣来，湖北和重庆的老师总是感觉不够劲，所以不吃辣的老师，也能吃下去。依我感觉：中国的，那叫辣得爽；韩国的，那叫辣得甜。

我的家乡在吉林省延边朝鲜族自治州的边界。受朝鲜族的影响，我妈妈每到秋季都要学着朝鲜人的样子腌辣白菜、酥子叶、萝卜条等特色咸菜。我们也做朝鲜冷面，喝酱汤，吃狗肉。所以，这次到韩国来，顿顿吃到这些，倒也亲切。

再看看所用器皿，和日本料理一样，每个人也都有自己的饭碗和汤碗，其他所有的菜则摆在饭桌中间供大家享用。碗很有特点，不像我们中国的下窄上宽，韩国的碗底平一些，碗口也浅，每只碗都有碗盖。其实，韩国人使用饭碗是很有讲究的，分男用、女用和儿童用几种。我还发现，餐具一律用钢勺和钢筷子。这是韩国饮食文化的又一特色。回国之前，我们专门买了好多钢勺和筷子送老师、朋友，还多备了几套钢筷子打算回家替换木筷子使用——图个新鲜吧。不仅仅是筷子上的花纹和做工精致，而且还觉得适合消毒，颜色也显得干净透亮。

碟子里五颜六色的小菜，碗里赏心悦目的汤或饭，被服务员"排演"了一遍，艺术地摆在那里。细瞧，有的萝卜条虽可以数过来根数，但也很"优雅"

地摆着姿势。有老师感慨："眼花缭乱的，像一件工艺品，让你只想欣赏不忍心吃下。"

韩国庆州有着悠久的历史，亦保留了不少传统饮食文化。我们在这里进餐的时候，餐桌是矮脚的小桌，宾客必须盘腿而坐。由于我们是"外国人"，有些胖的男教师根本"盘"不下去，"痛苦"的样子甚是可爱。有的，干脆将双腿伸直——管他礼貌不礼貌。

在庆州，我们还了解到，昔日的韩国家庭，是将盛着米饭的器皿放在台中央，而菜则在碗里，并放置于周围，每个人则有一把长柄圆头平匙，一双筷子，一盘凉水，用餐时就用匙把饭直接送到嘴里，筷子用来夹菜，凉水则是涮匙用的。现代的韩国人用餐习惯已有很大变化，不少人开始使用食品盘，每人的一份饭菜装在盘中，也有些更加摩登的家庭已不用食品盘，而是用碗盛饭了。

不过，现代的韩国人，越来越崇尚外国潮流，无论餐桌或者饮食礼仪，已经"混血"了。但不管怎样，导游告诉我们，韩国人有个优良传统：注意节俭，无论是自己食用还是招待客人，都尽可能把饭菜吃光用净。所以，这几天里，吃不饱的肯定要全部消灭光。那些不习惯的、不愿意吃的老师也是硬着头皮，一点也不剩。大多老师普遍感觉中国的饮食文化最富精髓，觉得韩国饮食单调了一些。重庆育才中学的一位老师说，韩国菜和我们重庆的菜没法比，形式整齐划一，没意思。

也许我们"吃"得还不够，看过《大长今》之后，大部分人都觉得眼前一亮，原来韩餐可以如此地令人赏心悦目、如此考究。传统的用餐礼仪、饮食文化，连韩国人自己都觉得惊讶。《大长今》的前18集都是在讲长今在宫中当厨师的故事，迄今为止，还没有哪一部电视剧能够用如此长的篇幅，把"做饭"的奥妙讲得惟妙惟肖。

长今对厨艺与医道的钻研是这部电视剧的绝对亮点。每道菜在她的手里都成为一件艺术品，色、香、味、形俱佳，不仅女人爱看，男人也眼馋。不少人看完她做菜肴的烹饪技巧，在自家厨房做，能获得相当不错的效果。而且，做菜中还常有人生哲理蕴涵其中。比如闵政浩受伤，被长今救护，恢复味觉后，长今精心制作了点心送给闵正浩，并告诉他："希望品尝佳肴的人脸上，常常挂着微笑，希望将自己的心意，通过菜肴传递给对方。"不仅男主角闵正浩感受到了这种情意，我也为之深深感动。

不管好不好吃，不管符合不符合自己的胃口，一个国家自有一个国家的饮食历史。当一切成为习惯，也就有了传统，也就成了文化。

感谢，这次韩国之行给我的味觉体验——据说，辣与凉都有利于减肥。这次出国学习没有增加体重，也许就是基于以上原因吧。

韩国女人、日本女人和中国女人

海洋性气候滋润了韩国和日本女人的皮肤；中国儒家思想滋润了韩国和日本女人的内心。细瞧走在街上的每一位韩国或日本女人，皮肤经过精心化妆显现自然的粉白，眉眼略微着色，头发打理得自然飘逸——"淡妆浓抹总相宜"。典雅秀美的她们，再加上挂在脸上的温和的一笑，令人赏心悦目。

她们恪守着历史给予她们的"规矩"，她们珍惜家庭，珍惜丈夫给她们创造的现实生活。并且，她们在家育子，减轻了社会、学校教育的负担，孩子从小在母性的循循善诱中，也养成了良好的文明习惯。

关于婚姻，她们会不眨眼地盯着自己的夫君。韩国外国语大学的朴昌洙教授告诉我们："在韩国，当然日本也几乎一样，男人顶天立地，很晚也不回家——显示他们工作多么忙碌，他们的事业多么繁荣。男人可以在外边有女人，女人只是乖乖接受，甚至，在过去的日本，女人要早起做好饭，等待从"花街柳巷"回来的丈夫。她们在婚姻上要的是安安稳稳，因此，她们用心地经营这一次性的婚姻，将其看得如自己的生命一样重要。

虽然她们恪守妇道，但她们也做浪漫的梦。就说韩国女人吧，她们大多眼睛小，脸盘大，不属于现代摩登美女形象。我们访问团中有一位朝鲜族老师。重庆一中的老师和她住同一个房间。一天晚上，重庆老师说了一句："现在，我明白了为什么韩国女人一个劲儿地整容,是为了改变自己的那张脸啊。"我哑然一笑。

我曾在《旅日散记》中谈到过日本男人的气质。其实,韩国男人也很有风度。虽然韩国和日本女人至今还被"男尊女卑"的观念笼罩着,但,从反面讲,正是由于女人培育了男人的自信,给了男人尽情的呵护和滋养,才让男人显得那么从容和绅士。当然,"外面的世界太精彩",无论现代美容术怎样高超,她们还是本能地恐慌自己的爱情。当你走进韩国或日本的超市,你会看到好多家庭妇女,背着孩子在买东西。她们大多数是全职太太。金敬美小姐告诉我们,她的爸爸,每天晚上下班回来,肯定先躺在床上休息,即使不累也养成了这个习惯。妈妈在厨房忙来忙去,一切准备妥当,爸爸才来到饭桌前……接着坐在电视机前看电视,这时,妈妈赶快把遥控器拿起来,帮助选频道——因为,妈妈很了解爸爸习惯看什么节目。每次爸爸看节目,妈妈都要小心翼翼躲在一旁,即使有自己最喜欢的韩剧,也必须是爸爸不看了,才能看……团中有人打趣地说,娶女人,就选韩国和日本的;找丈夫,就找中国上海的。

韩国和日本的女人好像天生下来就是生活型的,或者是艺术型的。她们自觉远离社会烦杂的交际,远离政治,抱有家庭女人特有的气质,她们总是给你以生活的气息和味道。她们属于秩序保护者,擅长把生活酿得绵软清香,善于把家庭打扮得温馨无比。她们把丈夫伺候得舒舒服服,把孩子哺育得茁壮成长。她们把具体的生活内容调理得完美精致,她们勤勉孜孜,有条不紊地做着琐事,享受生活的乐趣,没有看到她们脸上丝毫的厌烦,只有甜蜜和幸福——日复一日,年复一年,她们就这样按部就班,循规蹈矩。她们就这样生活着,想不起要破坏什么,要建立什么。

从她们的性格上看,大都心性平和,微笑不露齿,生气不动声色,说话严谨有分寸。你不会从她们的脸上看出强烈的好感或厌烦。她们给你的微笑和举止,好像都是训练过似的,甚至连表情好像也修饰过了。她们更多的是观望着你,打量着你,猜测着你,当热情的我们表达观点或看法的时候,这种目光投向你，会让你觉得有些不自在。和她们交往，你不会走进感情的漩涡不能自拔，同时也保存了一份矜持与清冷。那样一段静虚般的情愫，让你褪掉了好多燥热之气。她们会让你觉得日后断交不难过，过后分别不思念。这也避免了过于亲密和生疏。想想，这还挺适合当代人的关系往来。

不过，日本女人和韩国女人之间，也有微妙的不同，韩国女人有的地方介乎中国女人和日本女人之间。从1945年韩国接受美国思想影响到现在，韩国女人虽然敬重男人，但依附男人的情结已经开始变淡，不像日本女人几乎化作身心的基因。尽管我看到今天的日本女孩子很现代，但，韩国女性有过之而无不及。尤其是青年人，有部电影《我的野蛮女友》就是对韩国女性的典型颠覆。我看到，大街上，女孩子的头饰和衣着都非常前卫，短裙、短衣，配上时髦的发型，很是迷人。漫步街头小店、百货公司，到处都能看到给女人们准备的各种形状的耳环、胸坠，以及项链……让我流连忘返。很自然地，爱美的我，买了好多，打算回去好好修饰一番。当然，我还没有看到一个过于袒胸露背的，她们开放而不放荡。

总之，韩国和日本女人，真正记住了自己的性别，她们把自己的性别发挥到了极致。

其实，中国女人，早先过的是和韩国女人、日本女人一样的生活。她们大门不出，二门不迈——不用在外奔波，依附在丈夫家的房檐下，为自己找到一个静息的屋宇。幸运的"夫贵妻荣"，命运跟着丈夫一起"鸡犬升天"，坐享其成。忙碌归忙碌，操持归操持，倒也忙碌得得心应手，于是许多女人也都袅娜婷婷，楚楚妩媚。但大多数"嫁鸡随鸡，嫁狗随狗"，命运悲凉。多少女性，把自己一辈子泡在辛勤劳作中，从没有难得的闲暇养息和照料自己，更不可能去美容打扮，更多的是省吃俭用，一切为了孩子和丈夫——最后只剩一脸皱纹，恨不得连皱纹里的灰尘也来不及擦掉。她们没有浪漫过，但却经常检点自己的行为。于是，过去的"贞节牌坊"成了女人妇道的标志，女人成了"牌坊"的殉道者。

后来，为了解放我们的中国女人，"女人能顶半边天"的口号响彻天空。于是，哪里有压迫，哪里就有反抗。"李双双"们一个个走出家门，走向社会；于是，女劳模们、女英雄们，甚至今天的女强人们，从热气腾腾的土壤里钻了出来。

那无情的岁月，让无数女人不再显示女性的线条和妖娆。"不爱红装爱武装"，"雄性"开始走入她们的行为和衣着。本来娇艳的皮肤闪烁着青春的躁动，被严肃的"风雨"侵袭了，丰腴的变为干瘪，充盈的变为枯萎，水灵的也都失却了神采。

几十年来，女人在"狂风"的肆虐中，不知不觉形成了一种特殊的审美标准，女人不再是女人，女人成了男人在筚路蓝缕中，帮助男人打江山的女人。甚至，女人一旦在家里没有了工作，就会套上无能、只会吃闲饭的帽子。于是，女人必须积蓄除了女人之外的力量。

还有，生儿育女的过程总是那么紧张和疲惫。就说当教师的女人吧。女教师大多把精力投入自己的班级，回到家便没有了热情。全面丰收的只是少数。女人要全面付出——年年月月，皱纹横添，眼光黯淡，显得冷峭而严峻。是否可以这样说，中国女人总是风风火火，勇于开拓，也敢于破坏？难怪，有时候男人评价女人说："心肠比十个男人加起来都狠。"

现在，中国的女人和日本、韩国的相比，已经彻底从家庭中走了出来，发展了起来，强大了起来。上班族中，男女平等不是空话。甚至，有些男人还得让女人养活。于是，女人抢占了男人的地盘，男人的空间和地位被女人"剥夺"。男人缺少了原来应该有的胸膛和阳刚，变得女性化了。"阴盛阳衰"的现象成为广泛议论的话题。性别的基因在悄悄发生着变化，学校出现了女生强于男生的现象，社会上有了女人敢爱敢恨的大胆表白——爱就热辣辣地不顾一切地爱；恨就将一切撕成碎片直至灰飞烟灭。甚至，现在的中国女孩，那种随便的、没有审美的，特别是为了性感表现过于开放的，让你猜不出她是干什么的。作为女人，感情似乎不再内敛和细腻。

中国女人，就这样接受了更多的甚至强于男人的责任，除了生育、家庭外，和男人一样在社会上占有一席之地。她们身受传统文化的熏陶，甚至对原来的生命更加痴迷与留恋，但她们又有着反叛，她们需要极端，不需要中庸。她们不再唱着悠悠的家庭生活的小调，而是更多地和男人一样挑起家庭、社会甚至国家的重担。甚至，她们开始吟咏人生的意义。也许，这样的女人是幸福的，这样的女人毕竟走到了人生舞台的前面。贫瘠和粗糙，反倒孕育了中国女人丰富的想象力和无边的渴望，于匮乏中自己纺织前途的锦绣。看起来自己的锦绣显得那么成绩斐然，绚丽多彩。难道，中国女人要回到"母系氏族"？

张贤亮说，"男人的一半是女人"，我看，"女人的一半已经是男人"。中国女人啊，不知道现在所织出的是一道什么样的风景，不知道自己还是不是真正有女性味道。试想，仅凭隆胸、美容换得女性模子，而内心缺乏真正的母体心性的女人，是一个什么样的形象？是空心的，还是人造的？作为中国女人，我们想过自己将来会是什么样子吗？有人说，21世纪将是女人的世纪。然而，你愿意这样吗？

第五辑 / **日本教育随笔**

残障儿童的境况
——再谈"以人为本"

参观了两所养护学校。

先是筑波大学附属久里浜特别支援学校。

每天早晨，校车把身残或者智残儿童带到这里，进行全天"养护"。

9点钟，教师在幼儿园、小学部、中学部分别对这里的孩子进行全天的早会布置。为了让自闭症的孩子看明白，听得清，老师们采取口头讲解、贴图或者文字阅读的形式，让这些孩子明白今天要干些什么。

这里的44名学生，从三岁到十几岁。看到他们的动作和模样，你的心立刻会揪起来。

白发苍苍的校长来了。鞠躬后，他便开始介绍这里的办学情况。全国有500多所这样的学校，而且教育法特别关注弱势群体，加上聋哑或者盲人学校大概有1000多所。学校的一切费用以及条件设施，完全由国家支付。在这样的学校，不仅采取一对一的教育，每个学生都专门设有养护档案，并有相应计划以及措施。

在马路上，有盲人专用行走路线；在公共场合，有残疾人的专用卫生间；普通卫生间里，有专门安放婴儿的座位。

一句话，在日本，弱势群体深深感到安全和幸福。

在校长的介绍过程中，画面上出现了一个男老师让一位学生认识数学中的"4"的情景。教师的电脑课件里出现了四个方块模型，下面是数字判断。如果孩子点击对了，屏幕上就出现祝贺的字样。这时，孩子从1开始数，2、3，当数到4的时候，一点击，屏幕中的掌声和教师的掌声同时响起，教师和孩子互相击掌。然后老师又恢复屏幕原来的样子，让孩子再次重复做一遍，一遍遍进行强化。最后，老师拿出几个真正的方块，让学生摆出电脑屏幕中的方块摆放的样子……

就这样，一个"4"——学生终于认识了。

第二个镜头是孩子们吃饭的情景。有个别孩子不吃，老师便耐心地引领他们前来取餐。只要孩子自己能拿，教师就让孩子自己取食。画面上当一个女孩子自己盛汤成功的时候，老师也是报以掌声——告诉她很能干。在这里，只要学生能做的，就尽量让他们自己尝试，哪怕失败。

第三个镜头是星期五开展的亲子活动。下午来接孩子的家长，可以和孩子一起做游戏。以此，让家长把学校的理念带回家——要想办法让孩子交流，让孩子玩起来。当我询问家长是否愿意主动把孩子送来的时候，校长给了肯定的回答——是自愿的。这正是我国家长和日本家长的不同。

最后一个镜头是，这些孩子到普通学校和正常的孩子进行交往。过马路的时候，老师都是一个一个地指导，以便孩子今后自己过马路的时候不至于出现障碍。

正如校长所说，充分体现人性化的教育，旨在研究严重残疾儿童的重症。这所已经有着30多年历史的学校，目前致力于自闭症养护研究——无疑将推动这方面的研究进展。学校最大限度地提高儿童的可能性和潜能，针对每个儿童的具体情况进行教学。除了正常的工作，这里的教师寒暑假也要进行各种培训活动等，还负责培训家长计算机以及养护的工作。

为了保证特殊教师的质量，日本对特殊教育的教师考核很严格，要求除了具有基本教师资格以外，还要有特殊教育资格证。

| 我的教育视界

■同伴互助：健康同学帮助残障伙伴

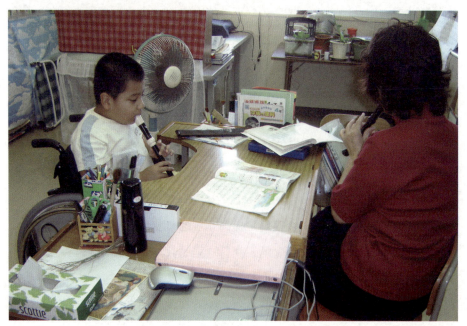
■老师对需要帮助的儿童进行一对一的辅导

为了让这些孩子将来有出路，日本规定，这样的儿童可以免费就读到18岁。如果可能，这些孩子可以从幼儿园一直读到高中。在高中，要进行职业技能培训，并有实习课程。有时也把这些孩子带到企业参观。最后，有30%的孩子进入一般工厂上班，有60%的学生到社会福利单位工作。

在冲绳县（历史上一直为中国藩属国琉球群岛），我们又参观了一所幼、小、中一体的丘镜养护学校。这是一所规模很大的学校，共有140名学生，150名教师。在和日本教师的交流中，我们知道政府对养护学校的投资是普通学校的十倍。40年前残疾儿童不上学，1979年日本法律规定，无论儿童身体残疾到怎样的程度，国家政府和家长必须担负起养护的责任，都享受一切受教育的权利。如果有些孩子不能来学校上学，教师也要到家里辅导；如果孩子在医院住院，教师也要到医院给其上课。而且，只要条件允许，家长可以要求自己的孩子和正常儿童一起就读——所以有些学校也专门有养护班。

对养护学校的投入，日本政府每年要拿出11亿日元用于教师的工资和校园建设。因此，这里的教师，尤其是学生享受的教育甚至比正常儿童还要好些。

在丘镜养护学校，我们看到为学生准备的饭菜就有五种。有的只能吃

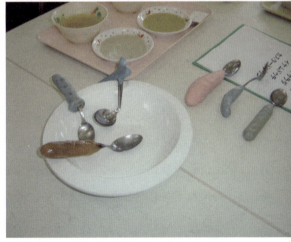

■ 丘镜养护学校为孩子们准备的食物和餐具

流食，因此必须把蔬菜水果捣碎，还要一点一点地喂给他们。能自己吃饭的学生，使用的勺子和桌子的形状都是不同的，洗漱的喷头形状也完全不同。还有特别的厕所，专门供不同的残疾孩子使用。

表演开始了，残疾的孩子们不断用汉语向我们问好。初中部的孩子们专门为我们表演了"丰收鼓"——看到老师和孩子一起合作敲击的大鼓、小鼓，看到连头都抬不起来的儿童还在用手挥舞，听着一个叫吉田的四年级小孩给我们用竖笛吹奏《爱我吧》，我们泪不自禁。

对话中，能说话的残疾儿童显得自信大方。

有的问："我喜欢吃你们中国的青椒肉丝，还有炒饭，请告诉我，辣的菜还有哪种最好吃？"

"你们中国的小朋友几点上学？"

"不知道你们中国有养护学校吗？"

"你们都住在中国的哪些地方？"

"你们知道日本歌曲吗？能给我们唱一曲吗？"

有的孩子提问时，需要老师搀扶。没想到有两个孩子把老师推在一旁，自己用手先支撑，然后再使劲地站起来——既是一种礼貌，更是一种坚强！

在结束的时候，一个男孩代表发言，他在发言中坚定地说，2008年争取到北京看奥运会……

他们的脸上写着快乐与顽强，他们的语言洋溢着对生活的热爱和对未来的向往。正是这所学校的人文培养，让这里的孩子们显得自信自强，心灵健全。所以，他们学校的学生参加非残疾学生的国家运动会都获奖。

"上苍给每一个人生命，然而每一个生命却如此地不同。面对这样的儿童，我们的心愿就是让他们享受和正常儿童一样的最美好的生活，尽管他们当中有的根本不懂养护者的苦心。"校长内心复杂地说。

离开这样的学校的时候，校长们总是一直站在门口欢送我们。我们报以敬仰的眼神和他们挥手告别。

我想起了我们的学校，如同养护学校，也有患自闭症的学生。比如有个孩子，每天都要家长陪同前来上学，一直跟着到放学。还有两个学生，上课的一切事情好像跟他们没有关系，他们随意在教室里走来走去，有时候自己还笑起来……

我们的老师很辛苦——全班有几十个孩子需要照顾、管理，对于这样的特殊儿童，就不可能像日本这样专一了。

久而久之，这些孩子得不到专门的养护，就会越来越糟——有的家长认为和正常孩子在一起有利于成长，其实这是偏见，个别的心灵心理问题必须个别对待。

目前，北京只有残疾儿童的学校，政府却没有专门设立自闭症养护学校。即使是那仅有的一所自闭症养护学校，还是一位自己孩子有这方面问题的先生创办的。

我又想到马加爵，还有杀死自己同学的北京外国语大学的女大学生……很显然，他们的心理的确存在问题。我想，全民族的素质的提高，不是培养几个"人中王"就能代表的。一个国家的富强，也不是只靠培养几个非凡的人才就能实现的。其实，那些平凡的人更需要呵护。

想想我校那几个特别的孩子，再看看这里的孩子拥有的现代化的条件设施，专门的教师，专门的教室，就连厕所的座便都是热乎乎的。我们的那几个孩子就这样被"弃"在那里了。

难过。

追赶需要耐心，更需要奋斗。

教育公平,说还是不说

半个月的日本之行,走的地方很多——东京、横滨、广岛、京都、奈良、冲绳,可以说走了大半个日本。无论是从首都到中等城市,还是到冲绳,最大的感受就是教育的公平。这真是应了井出敬二公使说的:"日本的教育体现公平,人人享受平等的教育。"

一、没有明显的重点与非重点的学校差异

走在日本的中小学,除了私立学校略显豪华之外,其他学校看不出有什么大的区别。比如,在东京的小学看到空大的体育馆,到冲绳的农村的一所小学——知念小学,同样能看到宽敞的体育馆。在横滨的中学看到同学们在实验室做实验,在冲绳的农村学校——潮平中学同样也能看到农村的学生在设施齐全的实验室里研究化学。日本对任何一所学校的投资都是一样的——国家拿80%,当地政府拿20%。

我国呢,由于资金投入不足,自然重点与非重点,资金投入不公。为了能够"得宠",我们的地方学校想尽办法,千方百计把学校弄成什么"市示范学校"或者"省重点学校"云云。我所知道的一所学校,为了硬件达标,硬是把

■ 孩子们在做实验

一个网吧的电脑运过来充数……想想我们平时迎接的督导检查，或者什么其他抽查，扪心自问，哪一项不做充分的准备？

《南方周末》的一篇文章报道：2003年9月9日至21日，联合国专员托马舍夫斯基考察了中国的教育状况。结果发现，中国的教育经费只占全国生产总值的2%。而政府预算只占教育总经费的53%，剩下的47%则要求家长或其他来源填补。我国的财经性教育经费占GDP的比例，长期低于发展中国家的平均数4%，而实际经费又低于计划的目标值。据统计，在1993年以来的10年间，各级政府实际少支付的教育经费超过6000亿元。农村的教育经费长期由乡镇政府承担(也就是要农民自己负担)，而乡镇财政又无力承担。

为了生存，于是名与利的角逐，就在教育领域出现——由公然的不平和歧视造成的种种腐败、黑暗就应运而生了。

我原来任教的学校，是省重点小学。曾经听局长说过，一定要打造这所重点小学，该投资的一定要投资。所以我们学校的教师自然身价高贵起来，学校发展就越来越好。身为那里的教师，得到的实惠很多，比如，工资要比农村教师多很多，评职称的名额很多，参加教研活动的机会多，荣誉自然也就得到的多（而这往往和经济挂钩）；更重要的是，这里的条件很优越。在农村不可能有电脑，我们这里可以用电脑。我们的卫生间是冲水的，可是，在农村有的还是茅厕。

我在农村长大，深知由于城乡差别太大，我们的城市中小学和农村中小学的差别特别大。即便是同一个农村地区，城镇中小学和边远地区的中小学，以及重点和非重点学校之间的差距，也大得不得了。比如有的县，改建几所重点高中花掉费用就得上亿元，可是贫困乡镇的中小学连粉笔等基本开支都难以得到切实保证，宪法所宣扬的公民拥有的平等受教育权在哪里？教育经费的严重不足，教育资源的匮乏，必然造成千军万马争过独木桥，大批孩子被挤落淘汰的惨状。中考关，就有40%～50%的学生升不上高中被淘汰。而在过关中考前，已有许多孩子因厌学、逃学早离开了学校。所以现在中国社会出现了新的"下岗工人"——初中、高中、技校，甚至大学毕业的待业人员。这些人的长期"滞留"，后果会怎样？

有人辩解说，这是因为我们中国人多、国家穷，要先发展经济，才能发展教育。这真是缺乏远见的谬论。日本是亚洲国家中率先实现现代化的，他们走的恰恰是教育优先的道路。这是从140多年前明治维新开始的。明治政府刚成立，就派出由政府主要成员参加的考察团，到欧美考察，历时一年零九个月，"求知识于世界"。回国后，全国上下形成了发展教育最优先的共识，教育经费在各项国家预算支出中最多。经过短短十年时间，日本国民识字率就猛升到90%以上。第二次世界大战日本战败后，国民经济已处于衰败的境况，甚至不敌当时的中国。日本提出了科教兴国的方针，这对日本经济飞跃发展产生了重大影响。

值得反思的是，改革开放之后，我国经济正连年快速发展中，我们能兴建耗资巨大的世界超大型的三峡工程，在全国修建高速公路、高速铁路，为什么我们的教育经费增长速度却如此缓慢呢？据教育部政策发展研究中心测算，中国每年只要多投入500亿～600亿元就可免掉义务教育阶段所有的收费。我们就真的找不到关系到我们民族发展命根的这笔费用吗？

二、高考录取对每一个人都公平

在立球阳学校，校长告诉我们，在日本的学校，学生高考是一样的待遇，而且有两次报考的机会，即使考不上，学校也会帮助学生寻找出路。用日本人的话说，在日本，街头流浪的可能都大学毕业。

我们呢？比如在政策上，北京和其他城市的学生升大学的录取分数、录取

■ 老师给孩子们上音乐课，为我们表演《茉莉花》

率差异就很大。说实话，我调入北京一个很重要的原因就是为了女儿——这样，她高考的时候就可以比吉林考生少一百多分。我侄女和我女儿同样在初三，高考的政策就决定了她和我女儿的"悬殊地位"——然而，更可怕的是，现在高校的收费又那么高，这势必剥夺了穷人的受教育权。

在日本，如果家里很贫穷，上不起学，政府就帮助解决，还设立了众多养护学校。而在我们中国，患有小儿麻痹的，或者严重致残、智残的儿童，基本不能到特殊的学校享受受教育的权利，他们只好在家。即便是有些地区的"弱智学校"，也只是在理念上觉得有吃有喝就行，至于最大限度地挖掘孩子的潜能，可能连想都没有想过。

我当年就是因为家里姊妹多而上学艰辛。本来可以继续上高中，却考了师范——这样还能为家里省钱。记得当时一年下来也就花掉家里100元钱左右。不过，现在的师范生是不可能只花100元了，因为师范院校也有了一定的收费——幸亏当时学校收费少，如果是现在，我可能也属于上不起学的那种。很大程度上，命运就取决于你的出生地了——可叹！

教育在某些方面走向了它功能的反面，如越来越高的学费把不少孩子隔在学校大门之外；沉重的学习负担，无休止的做题、测试、课外补习，又偏离德、智、体、美全面发展的要求；"一考定终身"，不乏极端的例子，有的孩子因为通不过中考、高考的闸门，被逼上自杀的绝路。

三、教师有流动但为了互动

日本实行的是公务员制度，无论你是教授还是小学教师，所享受的待遇除了年限的奖金不同以外，其他完全一样。在丘镜养护学校，当我们北京海淀区的一位校长询问这所学校的校长"这里的男老师这么多，有姑娘愿意嫁给他们吗"的问题时，老师们笑了。因为在日本，无论你是刷盘子的、洗厕所的，还是高级服务员，只要你的专业技术在一个等级上，那么，无论你干什么工作，你的工资是一样的。所以，这里的养护教师虽然工作艰苦，但是没有人瞧不起，哪怕只有一个学生，国家也不会降低老师的任何待遇。

还有一点，就是日本有一个特殊的政策。如果你在一所学校工作了5年，你可以申请调到别的学校工作。这样，教师可以互相流动起来。校长也可以流动。

由于教育的自身特点，在日本你看不到年轻的教务主任，更不会看到年轻的校长或者副校长。他们的校领导必须是多年从事教育工作，有一定教育经验，还有一定学术成就的人。我国呢，基本是上级下派，有的即便有竞争，也是走过场，而且一个个校领导特别年轻（包括我在内）。更可怕的是，我国一般实行校长负责制——强调一个好校长就是一所好学校，意在强调校长的个人魅力。但是无形当中，助长了长官意识指导下的校风及其种种。从另一方面，也能反映教育体制的单一性和僵硬化。

有意思的是，日本没有什么"特级教师"、"师德标兵"、"模范教师"的各项评选。日本对优秀教师也要进行表彰，只是给予特殊进修、晋升工资等待遇。但是，比例很少。更有意思的是，也没有听到某某校长的业绩如何惊天动地——也许他们的校长个个都"精彩"，就显不出"洼地"了。

一位在日本教汉语的中国老师说，日本教师之间的工资是真正的"大锅饭"。由于教师选拔比较难，老师的素质很高，且大家并没有任何松懈，很平和，不用为什么荣誉去竞争——不像我们中国教师之间的勾心斗角，排挤打击。

在日本，优秀教师流动不大——因为工资的差异不大。再加上日本整个经济水平均衡，城乡差别不大，因此优秀教师流动少，教师队伍相对稳定，有流动，也大都限于本地区，没有我们国家的教师"孔雀东南飞"的现象。

这也难怪，教师的工资太低，拖欠教师工资的现象也存在。因此，没有饭吃的教师必然要考虑生存的问题。教师也是活生生的人啊。现在，如果说有人饿着肚子喊"扎根、奉献"，恐怕内心很恐怖。

四、教育乱收费根本没有

在日本，国家对教育尤其是九年义务教育的全部负责，必然减轻教育者办教育的负担。关于收费，日本利用家长委员会的形式，也采取家长捐款的方式，利用社区的宣传为学校服务——但是，学校本身的收费没有。

我们呢？

有这样一个故事：抗战军兴，清华等一些大学迁往昆明成立西南联大。当时云南省主席龙云给了很大支持。一天龙云来拜访当时的清华校长梅贻琦，说自己的子女未考取联大附中，请求破例收录。梅校长留住龙主席吃饭，请潘光旦教务长作陪，要潘老师晚上去辅导其子女，等明年再考，还要龙主席付家教费。

抚今追昔，我们今天的校长是怎么对待上级领导的子女的呢？目前，做校长的胆子也小了——有家长的告发，有上级部门的检查，加之经费越来越紧张。所以，从某种程度上说，只要举国上下都是公平的，那么任何高官、大款的后路都是走不通的。

明知千军万马过独木桥的高考制度存在种种弊端，我国一位著名大学的校长也只能无奈地说："这是没有办法的办法。"

一方面是教育资源短缺，另一方面是教育乱收费泛滥。一些热门中小学的择校费或赞助费高达数万元，学校还收取名目繁多的费用，如强化班费、补课费、辅导材料费等等。一些学生千辛万苦闯过了独木桥，考上了大学，桥那头却伸着一只要钱的巨手，要想领得入学通知书，先要交几万元钱买路费。而每年的学费还成千上万。农村孩子的家长交不起这样的巨款，被逼向学校下跪者有之，被逼自杀者有之。即使城市的家长，对于高额学费，也同样是不胜负担的。

有文章说，大学学费比1989年增加了25～50倍，而城镇居民人均收入实际只增长了2.3倍。一位福州的家长说，她女儿大学四年，花掉了10万元。教育部门虽然多次明令禁止高收费、乱收费，但是屡禁不止。中央电视台《焦点访谈》披露，广东化州教育局用学校收费的584万元盖了自己的楼，还有626万元用于餐费等。广东吴川是个贫困县，该县的教育局竟有17个办公室，这些办公室都张开大口吃喝，餐费高达611万元！这当然受到了党纪国法的惩处。

据教育专家保守估算，10年来教育乱收费超过2000亿人民币，若加上教材和教辅的回扣，这个数字还要翻一番。国家发展和改革委员会公布价格举报的六大热点，教育乱收费竟高居首位，教育还位居中国十大暴利行业的第二名。教育历来被视为最高尚、最神圣的事业，出现如此严重问题，亟待治理。

五、铺张浪费现象不存在

用我们参观人的话说，日本的学校条件设置并没有我们中国的有些学校好，显得很破旧。而且，我们还发现，日本学校接待我们的时候，所搞的任何联欢活动简朴但不失热情。摆上一杯热茶，如此而已。如果该校有学生自己的劳动作品，就给我们一份，否则什么也没有，只有简单印刷的学校概要介绍——类似我们学校的画册。

一句话，校园原来什么样，现在还是什么样。

可我们为了迎接外国人或者上级检查，会特意粉刷一番墙壁，对于学生的活动还要买服装，花气力大练一番。当然，"饭口"的当儿，还要到最豪华的饭店大吃一通。

打假也要从浪费开始！现在各行各业的浮夸

■ 日本学校硬件设施虽比较简朴，但易于学生随时休息

风气特别严重，变相腐败现象也是屡见不鲜。尤其是各种活动讲排场，铺张浪费的现象特别严重。比如建一幢教学楼要搞开工典礼，竣工了更是吃喝一通，一个校长的办公室犹如大老板的阔室，校庆活动的开销、迎接上级检查时的吃喝、赠送的礼品，一年也要消耗十几万。更有甚者，校长经常利用学校公款出国考察——自己的国情还没有研究，就跑到外面去所谓的"取经"。

所以，你不让教师搞家教，当务之急就是把教师的待遇真正提高上来。

现在，国家教育部对教育收费实行"一费制"——这是好的。也许我国将来也会像日本这样对教师实行公务员制——这肯定是更好的。为什么会这样做？也许这是针对教育内部的教育不公平、教育腐败、教师待遇低、教师流动严重等影响教育质量的严重问题而采取的国家政策。

教育垄断、恶性竞争、不公开、不公正、权利失衡——用杨小凯的话说，中国就是模仿技术、模仿工业化模式，就是不模仿制度。

教育的权利是基本人权。现代社会的公平性在很大程度上要靠教育系统来调节，中下阶层子女一般是通过接受更多教育的渠道来提升社会地位，这使社会能够整体稳定。而现在我国的教育政策，创一流大学和重点中学的种种做法，把有限的教育资源作不公平的分配，人为地扩大原有的差距。现在，最富裕省份与最贫困省份之间，小学预算内生均事业费相差十倍，最繁荣的城市与最偏远的乡村这种差距更大。扶贫首先要扶贫困地区的教育。这直接关系到我国的命运，我国的未来。

我想，如果我们的教育体制不改的话，我们的课程改革也好，学生的素质提高也罢，只会短期繁荣、过早夭亡。作为校长或老师，我们在自己的领域"造了好多汽车"，可是，教育的指挥棒却不是高速公路。可想，我们会走多远？

以上议论，说了忐忑，不说更难受。

我不愿意做教育的牺牲者，我想成为一名幸福的教师——但是，不知怎么，每天总有些提心吊胆。那么，谁能告诉我，该怎样安顿自己的灵魂呢？

谁的负担更重

当今，中小学教师负担沉重是普遍现象。那么，日本的教师负担重不重？

横滨国立大学教育民间科学部附属镰仓学校是横滨非常有名的，拥有100多年历史的示范学校。学校一直继承着优良传统和创造精神，发展至今。

上午参观的时候，我们进一步了解到学校的现有规模：在校生712名（校长介绍的时候，特意说明今天又转来一名，原来711名），6个学年18个班级，每个学年3个班级，班级标准编制是40人。

教师呢？加上校长和副校长也就25位。班主任要教数学、语文、体育等学科——除了音乐和美术，其他学科几乎是全包。除了日常管理，每周教师的课时是23节。

大家都知道我们小学教师的辛苦，但是比照课时，我们肯定没有人家的多，尤其是城市的教师大都分科教学。比如，我校低年级数学老师一周只有10节课，语文教师也就7节课左右。虽然日本的办学规模不如我们有些学校大，可中国有句古话，"麻雀虽小，五脏俱全"。这所只有20多位教师的学校，教师所付出的劳动该有多大？

每天，他们8点上班。校长说，其实每一位老师都是提前来到学校的，下午5点下班，但是老师基本是不离开的——直到很晚才回家。在日本，无论男女，教师退休的年龄都在60岁。就这样，年复一年，辛辛苦苦工作着。

下午我们参观的学校叫筑波大学附属久里浜特别支援学校。这是一所专门养护弱智儿童以及自闭症孩子的学校。有意思的是，这所学校的学生一共44人，可是教师就有46人——几乎是一对一地辅导这些特殊的孩子。

负担轻吗？我们参观的时候，看见一个男孩在走廊里大声吼叫，手不断地打自己的头部。教师不但阻止其行为，还用语言不断地安慰，然后把他拉到秋千旁，荡起他——尽管如此，他的声音并没有停止，头歪着，把脚放在秋千板上。直到我的视线离开那里，那位老师的表情依然是微笑着的。

想想，这些教师每天面对的是什么？如果一天还能忍受，两天、三天或者更久呢？据校长介绍，对于这些特殊的孩子，老师在他们身上付出的是无法用工资衡量的——精神的代价无法弥补。

但是，恰恰是日本教育提出的教师的"使命感"，让教师们拥有职业的高度责任感和使命感——他们对待工作的热情特别高涨。

在采访中，我们了解到这里的教师评价还没有具体的措施，虽然有成绩的考核，有家长和学生的问卷调查。但是，实在有问题的，副校长要找其谈话，进行帮助，如果还不行，就让其自己提出辞职——这样，对他们今后找工作有好处。

看来，教师的工作全靠自觉——越是这样的管理，教师越是积极主动。当然，日本录用教师很严格。学校的教师管理强调自我管理。至于我们平时所说的"体罚"和"变相体罚"，在日本教师身上几乎是看不到的。

日本强调的是教师的专业精神。那么，当教师的认识提高到这种水平的时候，教师对自己的工作要求无形中就更高了——他们所拥有的奉献精神和敬业精神可想而知。

尤其是，这样的工作又是看不见摸不着的。

"日本的未来，就靠这些教师了！"陪同的田中美佐子感慨道。

如果，从时间，从效率，从敬业的水准看，日本教师的负担是比我们重的。

■ 等待开会的孩子们

不过，在日本，潮平中学的副校长告诉我们，学校迎接各项检查的项目很少。学校的一切完全由上级教育委员会两年进行一次检查（相当于中国的督导）。一年当中学校准备年段工作汇报材料上交教委。至于卫生、防火等设施，也由教育局委派相关部门进行评估验收。

而且，管理教师培训的只有一个教育中心。这个教育中心负责教师的所有培训以及教研任务，而且一切都是免费的。这样，教育中心就可以整体统筹，教师就可以安心地、有重点地进行培训。我们教师呢？要培训就得花钱。要知道，日本的小学教师和大学教师的工资是没有太大差异的！小学教师和高级知识分子享受的基础工资待遇是相同的。

更让你无奈的是，"抓"我们的部门可以说是"琳琅满目"，什么"教研室"、"教委培训处"、"教科所"、"教育学会"……教师今天进入这个部门听报告，明天到那个单位接受考核，片刻没有停下来。

一个好教师不全是靠培训成长起来的,更不是靠检查、评比造就的。教师很苦很累,比如名目繁多的学历进修、课改通识培训,市级的、省级的,甚至国家级的教学比赛压得老师喘不过气来。教师自由发展的空间已被剥夺殆尽——整天忙着读人家的"书",自己的"书"却没有读。这种过重的外在负担将导致"肤浅后遗症"——这是我在一次发言会上讲到的。

我知道,与其忙忙碌碌,不如围绕自己的特色钻研下去,深化、细化,创造属于自己的心灵财富,在浮躁的现实中寻求到一份属于自己的宁静心境,并置身其中朝着理想的目标默默地努力,静静地成长——可是,谁给我自由的时间?谁给我静静读书的时间?

曾经读过一封信,一位年轻的女教师描述自己从早晨天还没有亮就骑自行车带着孩子来到幼儿园,孩子还没有睡醒,甚至自己和孩子早饭都没来得及吃,然后又骑车在7点钟匆匆来到学校给孩子上早自习。上课讲,下课改,中午管理学生吃饭,下午继续上课,放学打扫卫生……直到天黑,又骑车来到幼儿园接孩子。买菜,做饭,洗衣服,给孩子洗澡……躺在床上再备课。一天忙碌了将近18个小时,才躺下……

■ 办公室里的"小厨房"

快要离开立球阳学校的时候,我特意拍了两张教师办公室一角的照片。一张是类似于家庭厨房中摆设的厨具——可以煮咖啡,做果汁,冲茶叶。一处是餐桌,上面摆着各种小吃,教师饿了可以随时补充一点。上文所说的这位年轻的女老师,如果没来得及吃饭，在这样的条件下就不必犯愁了。

青海西宁东城区晓泉小学的校长感慨地说，他们学校有一年除了迎接教育局的督导室、教研室、教科所、教育学会等各项活动和检查评估，还被市财政局、妇联、卫生局、居委会检查过。

■餐桌上的小茶点

我们的校长要应酬上级的检查，还要筹措资金，开发校园建设，可是日本校长最主要的负担就是研究学校的办学思想，而不是一天到晚想尽办法琢磨经费的来源。

日本教师的负担重在想办法怎样提高自己的教学质量——让家长满意，学生喜欢。至于上级的检查，什么督导、教学评比、成绩考试等形式，是没有的。

对比中日教师，负担都重。只是，我们疲于奔命所承担的那些，有价值吗？

一样父母心

飞机又在大海上空飞行，透过窗户，富士山渐渐离我们远去。海面一片深蓝，和蓝天连在一起，分不清哪里是水，哪里是天。两个半小时以后，降落在离日本东京最远的地方——琉球群岛的冲绳县。

下午，一项特别的活动开始了——我们两人一组进行家庭访问，以了解日本的家庭教育以及生活情况。我被安排在立球阳学校高三（7）班的学生大庭拓耶家。前来接我们的是大庭拓耶和他的母亲。一见面，双方热情问候，彼此都感到温暖。

他的母亲一看就是一位贤妻良母。在她不住的点头中，我们乘坐她亲自驾驶的丰田车奔驰在高速路上。

她先带我们来到世界文化遗产"胜连城遗迹"参观，之后又开车到附近的一些岛屿游览。冲绳县一共由160多个岛屿组成，远看如鲸鱼的尾鳍，近瞧却是冒出水面的海礁。这一个那一个，就好像群鸟在海面上聚会。

这里气温22℃。海风吹来犹如春风拂面，连同这位母亲和那位高中生的笑脸一起，温暖我心。这里四季鲜花盛开，游人不断。

大约下午6点，我们来到了大庭拓耶家。他的父亲和妹妹已经在等候迎接我们了。

■ 在大庭拓耶家身着和服

　　刚进屋，他的妹妹拿来一套精致的和服，并帮我一层层穿上。先穿红鞋，再套内衣，系腰带，然后穿外服，把下巾一角提起，扎在腰带上，再然后头上系上围巾，最后戴上美丽的莲花似的帽子——就这样从头到脚，我变成了日本女人。

　　开饭了，一个人一份日本家常料理：一碟萝卜丝，一小碗苦瓜鸡蛋丝、海菜酱，一根炸鸡腿，一小羹鲜菇肉汤，一碗白米饭，再加一杯日本茶——饭就这样吃起来。最后，红豆羹半碗，橘子奉上——整个进餐过程体现了文明矜持的日本吃饭方式。

　　座谈开始了，彼此有很多的话题。比如，谈到两国的物价不同，消费差异等，更重要的是交流学生的学习情况。这是普通小商业主家庭，两个孩子读高中收费多（日本从高中开始收费），经济有一定的压力。

　　大庭拓耶家里摆放着两张奖状，其中一张便是表彰大庭拓耶的优异成绩的。他的学习很紧张，但是写在脸上的却是阳光。每天，母亲要早上5点起床，弄好便当，然后亲自开车送他到学校。从七点半开始，一天的学习就紧张地运转起来。到下午5点母亲再来接他，40多分钟以后才回到家里。

到了家里还要进行预习和复习。为了不被同学落下，他也参加一些辅导班，一周两次。学校也为学生进行免费的辅导，从下午5点到晚上8点。由于自己学习比较好，所以他只是偶尔参加每星期的教师辅导。但是，这些都没有成为大庭的负担，因为他心中有梦想，现在必须努力。

大庭的志愿是报考大阪外国语大学。我开玩笑地说，以后可以到中国留学。他高兴地说："从高二开始，学校除了必修英语，还要选修另一种外语，我选择的就是汉语。现在虽说只能说几句，但是句子还是会写一些的。"当我问他为什么选择汉语时，他幽默地说："将来的世界会属于中国。"我们都笑了起来。我相信他的话。

想起之前参观冲绳一所初中看到的孩子们上课的情景，课堂气氛很轻松，学生们很活跃。他们看到我们走进教室，丝毫没有紧张。当时正好赶上这所学校"分小队"教学的情景。学校把学生分成有差异的辅导班，比如，数学组分成"提高班"和"基础班"。学生的小队活动内容很丰富，有中文学习班、英语学习班、篆刻班、制衣班、物理班、国语（日本语）班、生理班、化学班等。在走廊里，我还看到两个教室，一个叫"教育相谈室"，一个叫"相聊室"——名称不同，一定是主题不同。

我们可以看到，日本在如何减轻学生负担方面下了很大的功夫。在走廊里，他们热情地向我们问候和打招呼，并勇敢地冲上前来和我们合影留念。从他们眼神中透出的轻松、活泼、自由，我们分明感到课业的压力并没有压在他们的心头，或许压迫他们的只是成为具有教室墙上所写的"本气、根气、勇气、神气"的人。

这是经济不算发达的冲绳的普通中学的学生学习的情景。当然，教育长也说，目前全地区的厌学孩子大约有1600名。其主要原因是，孩子基本来自岛上，寄宿学习的很多，有些一放学，第二天就不想来了——毕竟学习不是简单的事情，需要刻苦。所以，要给学生讲道理……

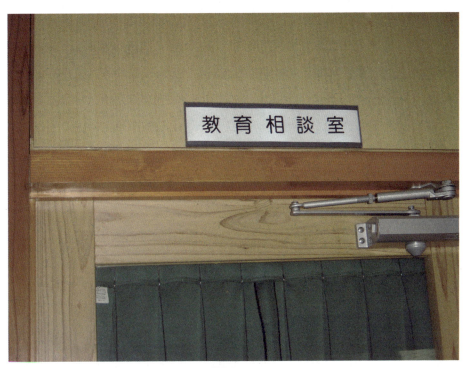

■ 教育相谈室——减轻孩子的压力和心理负担

看来,哪个国家的儿童都有厌学的现象,不过原因各不相同。我们的孩子呢,就拿我女儿来说,她读初三时,每天为了完成作业几乎要到夜里十一点半才能睡觉——她眼前堆放的是各种试卷。我女儿比较爱读书,难得挤出一点点时间看一会儿书。那些不爱读书的孩子们,他们的心里开不出花儿来,而枯萎的就是梦想。

大庭的妹妹,虽然是高一的学生,可一直在厨房中忙着。聊天的过程中,母亲一个劲儿地夸奖女儿勤快能干。原来,家里的家务有三分之二是女儿完成的,比如清洁、做饭、洗衣等,她是母亲的好帮手。看到这位有点马来西亚模样的女孩,我真为她高兴,因为将来自己成家,在成为主妇的那一刻,她一定会受到丈夫的喜爱的。可我身边与之同龄的女孩,包括自己的女儿,她们已经完全脱离了家庭生活的滋味,不知道最珍贵的劳动体验——因为她们的时间完全被挤占了。

饭后，一家人送给我们冲绳的蛋糕，我们赠送了中国的中国结、茶叶、刺绣等特色礼物。该回宾馆了，夜晚的灯光很柔和，与东京的不尽相同，别有一番情致。

握手，再握手，告别，再告别……终于，他们消失在马路的尽头。

究竟什么是"以人为本"

阅读日本教育家佐藤学的《静悄悄的革命》,浏览日本近几年的课程改革系列文章,我发现日本和中国的教育有好多相似的地方。最为明显的是,我们有着共同的理念——以人为本。

对于"以人为本",中国教师耳熟能详。然而,细心的你会发现,新闻报道的,身边发生的,简直不可思议,总会让你觉得"本"得虚无飘渺,"人"失其所,行思分离。

而日本呢?

第二次世界大战前,日本的教育系统以西欧的教育体系为楷模,这在黑柳彻子的《窗边的小豆豆》中有明显的痕迹。第二次世界大战后,日本的教育体系发生了实质性的变化——使国家控制权得以分散。

第二次世界大战后,日本便以天皇为象征,制定新的宪法并于1947年5月3日实行——这成为日本人民值得庆幸的日子。第二次世界大战前,日本实行天皇的最高统治;第二次世界大战后,他们放弃武力,放弃战争。宪法承认自由表现,彻底贯彻民主主义。那么,落实在《教育基本法》中的基本教育目标就是:致力于人类的和平和福利,鼓励个性的全面发展以及促进学生对真理和公正的热爱。这一法律同时还承诺学术自由、机会平等和男女共校——这是日本近

70年前提出的教育理念，那时我国还在进行战争。日本这几十年来没有大的变故，教育稳步前行。而中国，本来起步就晚，再加上"十年浩劫"，真可谓雪上加霜。

和我们国家一样，日本的教育从小学到大学都在进行着改革。在多年改革的基础上，日本于2002年4月开始，全面实施课程改革，其中最大的改变就是缩短上课时间和更改课程内容。

日本的教育有两大特点：

第一，体现民主主义的重要性。战前不允许报道对政府不利的内容，可是战后政府不允许干涉。日本政府的事情可以在新闻和报纸上反映出来。而取消征兵，更让学生专心接受教育。学生全部是免费上学，包括教科书以及校服等费用。还有少数学校免费供应早餐和午餐。1997～1998年，日本始终围绕三个主题进行教育研讨：21世纪的日本教育、儿童的心灵教育，以及地方教育行政——尽量使教育体制更加多样化。

值得一提的是，教科书的编写出版自于民间，编者在表达方式上有一定的自由度。当然，也必须和学校规定的课程保持一致。教科书要经过文部科学省审核通过。从1963年开始，日本就建立了义务教育阶段免费发放教科书的体制。私立学校的教科书由校长自己决定。

第二，体现宽松的教育。这里的宽松指的是宽泛和轻松，这也正和我们目前的教育理念相同。比如学生就近入学，实行九年义务教育，时间也是五天制。教育的策略适应国际化要求，改变以前的灌输式，注意培养学生的判断力和个性。有些学校的特色很是鲜明，比如有的学校的特色是"马术"。

日本初中的升学率是百分之百。贫困的人群同样可以接受最好的教育。97%的学生进入高中学习——用日本人的话说，高中阶段也接近了义务教育。

目前，有50%的学生升入大学。除了对健康人的培养，日本还有许多盲人学校、聋哑学校、身心残疾学校（比如弱智学校等）——根据每个残疾孩子的不同，进行个别的教育。

比如，我们参观的樱丘中学。这所由稻毛多喜女士于1924年创立的学校，虽然学生也面临高考，但该校依然注重特色教育——英语、信息技术等。就拿英语教学来说，为了让学生很好地掌握这门学科，英语教师专门挑选了一些英语书籍让学生阅读——可以在英语课上阅读，也可在走廊的角落随意阅读。

为了提高英语水平，教师专门设计了适合高中学生学习的记忆英语单词的软件，同时还采取网上阅读的办法。学生学习的时间为40分钟，如果有学生10分钟就完全掌握了，那么，该同学就可以离开，做自己想做的事情。

学生可以随时随地上网，还可以到图书馆借笔记本电脑以及录像机等音像设备。

走进教室，地面全是地毯，桌子较大，一人一台，后面备有衣柜。日本政府规定一个教室不能超过40人——试想，在现代化的教室中，比我们的普通教

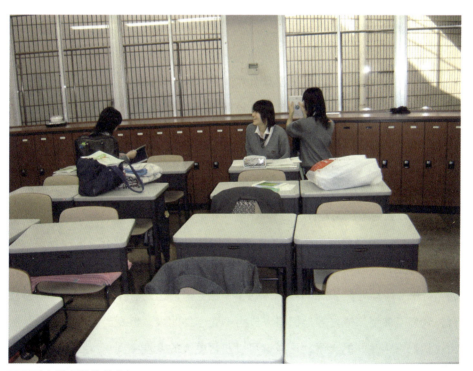

■ 樱丘中学宽敞的教室

室少了二十几名，甚至三十几名学生，该是怎样的宽敞？即便这样，教室的一角还延伸出一块，建有带栅栏的阳台——原来这里是避难地。旁边还有一个铁盒子，里面装着从楼梯爬下的铁梯子。如果遇到火灾之类的不测风云，就可以从这里逃出。这不由得让我想起前一段时间在西安的一场火灾中，逃出来的竟然只有两个日本人。

我们都知道东京最大的特点就是拥挤，甚至自家的汽车都要吊在空中，但漫步学校走廊却感到很宽敞。再走进学生的洗手间，干净整洁，设计得漂亮温馨，纸巾、洗手液等规规矩矩地摆放在一角。

除了洗手间的地面是瓷砖，个别楼梯是瓷砖，其他全是地毯，特别是在教室附近——这些都体现了一个"静"字，再沉重的脚步踩在地毯上也会无声。学生可以安静、安心地学习。

在参观学校的时候，我们了解到，日本的学生有三个假期：春天有个春假，夏天有个暑假，冬天有个寒假，保证了学生的劳逸结合。学生每周和我们一样上五天课。一年级的学生没有下午的课，到五、六年级才开始增加课时。中午有一个小时吃饭的时间，而且注意营养配餐，以实现日本培养的儿童身体健壮的目的。有意思的是，吃饭也带有"教育"色彩。专门有负责营养方面的专职人才负责管理学生吃饭，同时顺便讲解怎样进行营养配餐，以便让学生今后更壮实。

从这些"吃喝拉撒"的细节中，我们分明感受到的是一切为学生着想——这不是"以人为本"又是什么呢？

有人说，中国的高中是学生的地狱。其实，日本学生也不轻松。在樱丘中学的走廊上，我看到他们也贴了高一年段学生优先排位名次——这不也和我们的"排榜"一样吗？我带着疑问采访了一位老师，这位老师诚恳地说："对于教育，我们当然要知道培养他们将来成为一个怎样的人。但是当下的目标就是努力让他们考上最好的大学，这样就可以获得更大的发展空间。"话说得很实际，遥远的目标必须靠眼前的一个个小目标实现。他们认为这就是以人为本。

樱丘中学没有大大的挂在墙上的办学宗旨、办学目标之类的标语，甚至也找不到一处墙壁上写着给参观者看的东西。就连学校的名称也是不够醒目的灰色字样。墙角上，有灰白色的文化或科学界"伟人"、世界名画等。

唯一的塑像是鲁迅。在二楼的一角，身穿蓝色长袍的鲁迅站在那里凝思。桌台上写着：鲁迅，1881～1936，中国著名文学家、思想家。

口号多是中国的一贯特色。"再苦不能苦孩子，再穷不能穷教育"、"以学生为中心"、"尊重学生个性，挖掘学生潜能"等朗朗上口——给外国人的感觉是，中国的孩子好幸福啊！

■学校一角摆放鲁迅塑像

事实呢？

有人说口号和现实反差太强烈，中国教育在很大程度上是哄孩子玩，自欺欺人，缺乏法律保障，拿国家命运开玩笑。也许此话有些偏激，但我们可以用杨小凯的话作为警醒："中国教育现在最大的危险是教育部垄断学位授予批准权和重要办学项目的批准权……"

怎样培训"确保受人爱戴的优秀教师"

2004年11月19日下午，我们聆听了《如何确保受人爱戴的教师》的培训报告。报告人为日本中小学教师巡视学官腾野先生。

日本教育强调，今后的教育将在尊重每个儿童的个性的同时，特别注重儿童的"真实学力"。其中包括打好扎实的基本功，学会主动学习和独立思考，行为有主见，具有良好的解决问题的素质和能力，还将注重儿童具有"丰富的人性"以及"生存能力"，要使儿童拥有健康的体魄而茁壮成长。这就势必要求日本教师站在教育第一线，具备以下素质和能力：

作为教育者的使命感；对人的成长和发展的深度理解；对儿童教育的热爱；在教学科目等方面的专业知识；较高的文化道德培养；基本的实践指导能力。

日本学校的最大特点是，公立学校占97%以上。学校能否办得好，与教师的水平有直接关系。和中国一样，日本学校录用教师，要求其必须有教师资格证书。

教师证书有三类：一类是研究生毕业时获得的专科资格证书，这是日本四五年前新增设的；第二类是基本大学毕业获得的证书；第三类是基本学历。目前，日本正在增加拥有研究生专科资格证书的人员。

为了更好地实施以上理念，怎样培训教师显得尤为重要。

一、录用前的培训

教师进修由政府负责,私立学校由本单位负责。当前,日本教师的素质培养和能力提高亟待加强——日本学生的能力有所下降。为了让孩子得到提高,教员必须有所提高。

目前,日本由师范大学和并行的大学一起承办培养教师的工作。

在第二次世界大战前,教师全部由师范大学培养。不过,这种定向的方法培养出的教师眼界比较狭小。所以第二次世界大战后,采取比较开放而广泛的培养模式。

比如,日本四分之三的大学——520所大学都承担教师培养任务。因此,得到教师资格证书的人特别多。虽然获得者多,但实际被录用的却占少数。

这样做,自然可以选拔出有经验的人员。但由于证书比较容易得到,所以含金量不够。

近几年,教师的竞争力有所增加。日本儿童减少,教师录用也相对减少,报考的人员依然不减。首先,教师要先试用一年,如果不合适就不能继续从教。待工作两三年后再进行录用考核,最后才能成为正式教师。如果缺乏辅导能力,也要参加特别的进修。不过,小学教师比较容易被录用。

报考教师要进行两次考试——第一次是笔试,第二次就是面试和实际技能的考试。日本重视人品和技能的考试。日本会组织模拟教学,选定特定的场面,检查报考者指导学生的能力。而且,在第二次考试中,还要起用临床心理医生、学校顾问以及民间机构的人事工作者担任面试考官,从而实现全面而客观的考核。即使被录用,如果缺乏教师的适用性,不能很好地对待学生和家长,也不能当老师。日本特别重视学校与家庭、社区携手合作,从而使整个社区共同关心儿童的成长。

对于不能胜任的教师,要进行再培训,实在不行就转岗,但还能享受公务员制度对教师的保障。

二、录用后的进修

各地方政府必须负责录用教师的再进修。试用一年的教师得到聘任后必须进行岗位再进修。教师也要负责一个班，独立进行授课，掌握独立工作的能力。教师除了参加校内培训，还要参加校外进修——到企业、福利单位开阔视野。

日本还有一个十年教龄的进修。为什么选择这样年龄的教师？因为这样的教师发挥着核心和骨干的作用。校外脱产一般是 20 天，在职是 20 天。日本根据每个教师的能力制订合理的培训计划，进修后对其进行评估、记录。另外还有海外派遣的视野培训，比如日美的教师交流。

而那些没有教师资格证书，却拥有出色的知识和技能经验的社会人士，也可以参加由都道府的教育委员会组织的教育职员的鉴定考试，取得资格，也可以成为教师。

目前，日本也在对教师的评价进行改革。比如学生课后要进行表格的填写，以反映教师的授课情况，如板书书写是否规范等具体细节。当然，学生能否准确评价老师也是目前教师反映的具体问题。

现在，日本政府对教师今后应特别具备的素质和能力要求如下：

第一，能以世界领域为行为出发点的素质和能力。包括对地球、国家、人类等概念有正确的认识，拥有适应社会国际化要求所必需的基本素质和能力。

第二，为能适应社会变化所应有的素质和能力。包括问题解决的能力，协调人际关系方面的素质和能力，适应社会变化所需的知识和技能。

第三，作为教育工作者所不可缺少的素质和能力。包括对儿童以及教育理想的现实有正确的理解，热爱教师职业，具有自豪感、一体感，拥有进行学科指导、学生指导所需的知识技能和心态。

三、面临的问题

在日本，我们能明显感觉到他们对待教育的小心谨慎——他们也在进行改革尝试，有些问题仍在探索之中。只是他们能够实事求是，很少夸大局部教育成果以掩盖整体教育现状。比如他们谈到目前日本教育存在的问题：

一是教员要高层化。教师的水平要提高到研究生的层次，日本目前还没有达到。

二是必须保证教师的质量。日本经济发达，但教师的地位不是太高，于是他们需要探讨高素质人才如何往教育引进的问题，需要进一步改革获得教师资格证书的条件。目前，日本的证书终生有效，要进行改革，定期更换——在今后一年到两年的时间进行。

三是如何对待缺乏适应性的教师。国民对教育期待非常高，教育的改进如何与经济的迅猛发展同步，这是摆在日本政府面前的一个艰巨的任务。因此，日本的教育还要进行比较大的变革。

正如日本教育家佐藤学在《静悄悄的革命》中所说："静悄悄的革命是从一个一个的教室里萌生出来的，是培植于下层的民主主义的、以学校和社区为基地而进行的革命，是支持每个学生的多元化个性的革命，是促进教师的自主性和创造性的革命。""这场革命要求根本性的结构性的变化。仅此而言，它就绝非是一场一蹴而就的革命。因为教育实践是一种文化，而文化变革越是缓慢，才越能得到确实的成果。"

海，安静如夜

都说新加坡是花园式的国家——和日本相比，新加坡充其量只是一座花园式的城市，日本才是名副其实的花园式国家。

无论走到哪里，沿路很难看到裸露的土地，哪怕是一星半点儿。但见那里的农村，山被绿树覆盖，田被庄稼或绿草铺满，河水顺畅地沿河渠流动，乡镇也是遍布多姿多彩的建筑物。当你再看一眼蓝天白云、近山远海时，你怎么能不联想到它整个就像一座有山有水、公园绿地环绕高楼大厦的大花园呢？

现在单讲在日本最偏远的冲绳县。

这是一座远离日本本土的岛屿，很像一叶漂浮在太平洋上的小舟，飘渺、逍遥——那么令人神往。

半空望下，因蓝天白云的映照，碧蓝的海面泛起的一道道浪花，簇拥着一座铺满绿树白房的小岛，构成了一幅用语言难以描绘的图画。起什么诗情，铺什么画意，顷刻间，你就融入其中，心甘情愿迷失自己。

那霸是冲绳县的首府，位于岛的南端。冲绳许多著名的旅游景点多散布在南部，如首里城遗址、玉泉洞王国村、姬百合之塔、冲绳战迹国定公园等等。

开往旅馆的巴士由那霸国际机场前出发，经由那霸、宜野湾、嘉手纳、石川、恩纳，一路北上。透过玻璃望向车外，灿烂的阳光，满眼的绿色棕榈树，皮肤黝黑的路人，大花短袖衬衫，不远处蓝绿的海岸线——正是我想象中的热带风情。

步入市区，在近山远水的包围中，你会为这里平静的街市、别具风格的民居而叹赏一番的。

游戏沙滩。银白的沙滩，踩上去软绵绵的，海浪不时地拍击着我的脚丫。跳跃几下，呼喊几声，就这样飞舞着……

■处处都充满绿意的日本

观冲绳海洋馆。感受于这里海洋世界的奥妙和神奇，感叹于这里多彩变幻的海面、形色各异的鱼群、细如金粒的沙滩、形类奇繁的植物以及姿态妙趣的岸礁，为之目眩、惊讶、流连。赞叹之余，猛然发现，冲绳的美，既有自然的，也有来自人本身的。这里的人们热情、朴实、真诚、善良，身上散发着另一种美。不敢相信，在今天已不堪人类重负的地球上，还有如此之美的角落，不是天宫，却胜似天宫。

傍晚，换上干净舒服的、蓝白图案的日式睡衣，站到阳台上，凭海瞭望——夕阳的余晖渐渐逝去，远处的天际和海面汇成了一片，近处的小岛也模糊成了黑色的影子。

海，无声无息。轻柔的海风微微地撩起我的发丝，随风摆去的感觉就像飘扬的旗帜；拂在脸上，就像可爱的孩子不停亲吻我的面庞。

海，安静如夜。这里，安静如海。而我，思绪如涛——为什么这里就没有

■海湾中成群的鱼儿

戈壁沙漠、穷山恶水呢？为什么就没有荒山秃岭、裸地残坡呢？

　　详细而有根有据地解答这些问题，我想可能并不容易，但有的理由却是可以信手拈来的。比如来日之前，曾听说过，日本基于自己的国土面积狭小、人口众多的原因，所以在强大的经济支持下，本国的自然资源，如矿山、石油、煤炭、木材等，多年来基本不再开采，而作为日后需要予以储备，这无疑减少了对环境的破坏。想起了《读者》中的文字："日本从我国进口大量的木材和煤炭存入海底，以备后用；日本人为了保护植被环境，宁愿不吃羊肉也不养殖大量食草的羊……"

　　这样的国家带给自诩"地大物博"的我们怎样的启示呢？

友谊天长地久

汽车在沿海公路上行驶。

"往山下看!"有人喊。

绿树掩映中,错落有致的建筑映入眼帘。这是冲绳最偏远的小学——知念小学。

《友谊地久天长》,一部著名电影的主题曲,成了我参观知念小学的主旋律。远远地,这旋律就从学校里传出来。校长和教师在校门口热烈地欢迎着我们,发音不清却很真诚地问候道:"你好!你好!"

穿过孩子们手举的各色花环,我们来到体育馆的主席台下。

一片热烈的欢呼声中,节目演出开始了。孩子们表演着冲绳的民间舞蹈,以及民间丰收的大鼓。知念村一共300名儿童,席地坐在地板上和我们一起观看演出。这些孩子也和我们农村孩子的肤色差不多——虽然冲绳地处亚热带,但温度依然在二十几度。不过,他们却很大方,虽然第一次接待外国人。当他们看到我们这些中国人时,惊讶地喊起来:"怎么这些外国人和我们长得一样呢?"

座谈结束后,一行人分批进入各班——虽然是普通的农村小学,但是所开设的科目和城市的学校一样,而且活动丰富多彩。

短暂的一上午,给我留下深刻的印象。

这所学校的办学理念很具特色：

一、切实提高学生的能力

第一，落实基础知识，并通过多种趣味盎然的形式加以巩固，比如基础与基本强化学习会，"爽利学"集会活动，"家庭学习强化月"活动，汉字、计算检测考试，朗诵，小作文，活用"Master sheet"，星期五补习，小班辅导教学……

第二，培养热爱读书的习惯。学校设定每年读书的册数——1年级90册，2年级100册，3年级90册，4年级90册，5年级90册，6年级90册。一所农村小学能有如此细致的读书规划，让人惊叹！难怪去年世界500强企业家进行读书调查结果显示，日本的企业家无论略读还是精读，总在500本左右，而我国的企业家一年平均只读0.5本，我们小学生的读书数量也并不喜人。

第三，培养交流沟通能力。学校组织开展每周1小时英语活动实践（国家没有规定，这仅是本校的校本实验）。经常在教室张贴"听与说的方法"，随时进行辅导，并组织跨年级的交流活动等。

我参与了三年级学生和幼稚班的儿童互动交往的活动——师生和谐自然，孩子身上流溢着班主任的风采。比如，这个班的老师长得娇小玲珑，说话柔声柔气，她的学生自然显得文质彬彬。高年级学生把自己制作的作品让低年级的同学享用，同时介绍自己的"产品"，并教会他相关的使用方法，解答小朋友的疑问。这样的"交际"能真正激发学生的兴趣，并且能让学生们在现实的场景中达到互相成长的目的。

第四，培养计算机应用的能力。学校规定，每个年级每周均有1小时的计算机操作实践。

二、真正丰富学生的心灵

他们不仅重视道德教育，还注意充实综合学习时间，实施跨年级交流活动，开展"与学兄学姐对话"活动。活动形式丰富生动，比如"三味线"（冲绳三弦琴）、方言、门球等学生课外小组活动。课外，还注意对学生的辅导活动。对学生进行实际生活状态调查，并设定家庭学习目标。教育咨询员以及生活指导与学生辅导部紧密协作，特别注意培养学生的恒心和责任。他们也重视家校合作，开展让家长读书给孩子听的活动。

三、真正关注学生的生命体验

学校经常开展"一天体验学习"活动，努力充实勤劳体验活动，比如，六年级照顾山羊的活动、种植芋头的活动，五年级种水稻的活动，四年级甘蔗栽培活动以及黑糖（红糖）制作活动，一至三年级采取活用"教材园"的形式开展活动。

学校密切注意与社会协作的体验活动，如到公民馆等。还开展各学科的体验学习活动，从而改善学习环境、充实自然体验。

四、真正关注学生的个性

该校黑板报设计很有特色，有的甚至把自己的心愿画到竹笋叶里，上方配有自己可爱的照片。后面整个墙壁挂的都是孩子们采集的各种植物的标本；有的班级还有几个鱼缸，里面养着好多种热带鱼……走进这样的教室，你不得不为孩子的个性所折服，不得不为他们的创意而喝彩。

课堂上，孩子们的交往轻松自然，丝毫没有表演做作的痕迹。落落大方的

■ 写在竹笋叶上的小小心愿

■ 孩子们用糖纸做的创意装饰

他们,既友好又礼貌。下课前,我给孩子们讲了几句话。没想到小手直举,要和我对话。有些孩子把自己的"产品"送给我,让我评价一番。

一抬头,发现黑板上方没有悬挂日本国旗,而是学生充满个性色彩的创新园地。一想,自己所到的所有学校的黑板上方都没有国旗。

在立球阳学校,有个班级画的是一幅漫画:班主任咧着大嘴怒"骂"他们,嘴旁是班主任"吐"出的一段幽默的英文。

在潮平中学,黑板的左右张贴的是班级目标,旁边是学生的手印,里面写的是自己的个人目标。

"每个班级都有自己的味道!"我感慨道。这和日本老师的个性化教育教学理念是分不开的。比如,再走到其他班,又是另一番情景,这似乎成了百花园。一楼的养护班,学生把听音乐后画的画挂在墙上;学生写的字、算的题也挂满了整个教室的墙。

突然,一个孩子冲上来,抢走了别的学生送我的制作礼物。我心想,就送给他吧,尽管对那个给我礼物的小朋友不礼貌。没想到,老师一番苦口婆心动员,最后,还是还给了我。我感到很奇怪,劝解老师:"这孩子多可爱,就送给他吧。""不行,谢谢你给我一次教育他的机会,告诉他别人的东西是不能随便乱抢的……"

我哑然。这小小的插曲,这群性格迥异的孩子,这些个性独特的老师,让我明白有善于创造的教师、有个性的教师,就会有个性化教育。那些黑板布置,那趁机的点拨,只不过是个性化教育的一点点外显罢了……

■教室一角,学生按过手印的目标

《友谊地久天长》又响起来。该走了。花环又一串串地从我们头顶穿过,伴随着依依不舍的、很涩的"谢谢,再见",我们又踏上了行程。

汽车沿着高速公路盘旋而上,回眸,念知小学渐渐模糊。但,那群孩子,那些老师,却和着《友谊地久天长》的旋律分明地印在心中。